Sammlung Luchterhand 508

Tausend Grad Celsius
Das Ulm-Szenario für einen Atomkrieg

Herausgegeben von der
Ulmer Ärzteinitiative
unter Mitarbeit von
Volker Brethfeld
Shraga Goldmann
Heinz-Ulrich Haug
Peter Novak

Luchterhand

Originalausgabe
Sammlung Luchterhand, November 1983

Lektorat: Klaus Siblewski
Umschlaggestaltung: Kalle Giese, Darmstadt
Herstellung: Ralf-Ingo Steimer
Gesamtherstellung bei der
Druck- und Verlags-Gesellschaft mbH,
Darmstadt
ISBN 3-472-61508-7

Inhalt

1. Einleitung

Die Ulmer Initiative »Ärzte für die Verhütung eines Atomkriegs« hat im April 1983, ein Jahr nach ihrer Gründung, der Ulmer Bevölkerung dargestellt, mit welchen Folgen sie rechnen müsse, falls ein nuklearer Sprengkopf, dessen Wirkung 1 Mt des »herkömmlichen« Sprengstoffs TNT entspricht, explodiere. Es ging uns darum, die Art und das Ausmaß der Schäden für Leben und Gesundheit der Bürger deutlich zu machen und die Fragen, welche Hilfe die Einrichtungen der Gesundheitsversorgung anzubieten haben, zu beantworten. Zugleich haben wir knapp geschildert, was Politiker von den Ärzten und dem Gesundheitswesen erwarten. Neue Vorschriften, die zwangsweise durchgesetzt werden können, sind in Arbeit.

Über unsere erste Veranstaltung berichtete die lokale Presse ausführlich. Auch in der Zeitschrift »Der Spiegel« erschien ein Artikel. Wir erhielten und erhalten noch laufend Anfragen, das Szenario auch in anderen Orten der näheren und weiteren Umgebung vorzuführen. An mindestens drei Abenden in der Woche sind wir unterwegs. Das »Drehbuch« zu unserem Szenario wird von Rundfunk und Fernsehanstalten, von Behörden, Bibliotheken, den Vereinigungen verschiedener Berufsgruppen, von Friedensgruppen und Privatpersonen immer wieder nachgefragt. Unsere Kräfte und Mittel gehen zur Neige, und daher haben wir das Angebot des Luchterhand Verlags angenommen, unser Szenario zu publizieren. Auch für die anderen Angebote, die wenig später kamen, sei an dieser Stelle gedankt.

2. Das Ulm-Szenario

Zur Situation

Wir stehen heute vor der Tatsache, daß die Menschen im Laufe der Geschichte die Treffsicherheit und die tödliche Wirkung von Waffen unaufhörlich und mit wachsender Geschwindigkeit gesteigert haben. Die Tabelle zeigt, wie und in welchem Tempo die Wirkung von Kriegswaffen vorangetrieben wurde (MECHTERSHEIMER/BARTH 1983, 174 f.).

	Tödlichkeitsindex*)
Wurfspieß	18
Schwert	20
Pfeil und Bogen	20
Armbrust	32
Feldschlange, 12pfünder, 16. Jahrhundert	43
Flinte mit Steinschloß, 18. Jahrhundert	47
Minie-Gewehr, Mitte 19. Jahrhundert	150
Feldgeschütz, 12pfünder, 17. Jahrhundert	230
Hinterlader-Gewehr, Ende 19. Jahrhundert	230
Magazin-Gewehr, Erster Weltkrieg	780
Feldgeschütz, Typ Gribeauval, 12-Pfund-Granate, 18. Jahrhundert	4 000
Maschinengewehr, Erster Weltkrieg	13 000
Maschinengewehr, Zweiter Weltkrieg	18 000
Feldgeschütz, Explosivgranate 75 mm, Ende 19. Jahrhundert	34 000
Tank, Erster Weltkrieg (2 MG)	68 000
Flugzeug, Erster Weltkrieg (1 MG, 2 Bomben)	230 000
Feldgeschütz, Explosivgranate 155 mm, Erster Weltkrieg	470 000

	Tödlichkeitsindex*)
Haubitze, Granate mit Annäherungszünder, 155 mm, Zweiter Weltkrieg	660 000
V-2-Rakete, Zweiter Weltkrieg	860 000
Panzer, Zweiter Weltkrieg (1 Kanone, 1 MG)	2 220 000
Jagdbomber, Zweiter Weltkrieg (8 MG, 2 Bomben)	3 000 000
Hiroshima-Bombe, 20 Kilotonnen TNT	49 000 000
Kurzstreckenrakete, Typ Lance, mit 0,05-Kt-Sprengkopf	60 000 000
Kurzstreckenrakete, Typ Lance, mit 1-Kt-Sprengkopf	170 000 000
Haubitze Kaliber 15,5 cm, Typ M 109, 0,1-Kt-Sprengkopf	680 000 000
Taktische Rakete, französischer Typ Pluton, 20 Kt	830 000 000
Phantom-Jagdbomber mit einer Bombe B-61 350 Kt	6 200 000 000
Mittelstreckenrakete, franz. Modell M-20, 1 Mt	18 000 000 000
Interkontinentalrakete, sowj. Typ SS-18, 25 Mt	210 000 000 000

*) Der Tödlichkeitsindex wurde auf Grund folgender technischer Daten berechnet:

- Feuergeschwindigkeit: höchste mögliche Sequenz pro Stunde, ohne Beachtung logistischer Probleme (z. B. der Munitionszuführung).
- Zahl der möglichen Ziele pro Einsatz: Als Einzelziel wird ein Mensch angesetzt, der aus Vergleichsgründen als ungeschützt im Terrain angenommen wird.
- Relative Wirkung der Waffe: Aus den Annahmen geht hervor, daß durchweg mit einer Tötungswahrscheinlichkeit von 50 Prozent gerechnet wird.
- Wirksame Reichweite.
- Trefferwahrscheinlichkeit an Hand einer Streuskala.
- Zuverlässigkeit der Waffe (z. B. Versager) an Hand einer Skala.
- Mobilität als Wurzel aus der Höchstgeschwindigkeit.

Bei den Kernwaffen wurde lediglich die Druckwirkung, nicht aber Hitzeblitz und radioaktive Strahlung berücksichtigt.

In der Bundesrepublik sind die folgenden in der Tabelle angeführten Nuklearsysteme stationiert: Raketen Lance, Haubitze M 109, Jagdbomber F-4 Phantom. Die Anordnung der einzelnen Waffen ist nicht absolut chronologisch, folgt jedoch in etwa dem Zeitverlauf.

Zusammengestellt nach: Oberst T. N. Dupuy, »Quantification of factors related to weapon lethality, Annex III-H«, in: R. Sunderland u. a., Historical Trends related to Weapon Lethality, Report Prepared under Contract for the Advanced Tactics Project of the Combat Developments Command H. Q., U.S. Army, Historical Evaluation and Research Organization, Washington, D. C., 1964. Nichtamerikanische Daten nach: Mary Kaldor/Julian Perry Robinson, »War«, in: Christopher Freeman/Marie Jahoda, World Futures, The Great Debate, London 1978, S. 353.

Quelle: Ulrich Albrecht, Kündigt den Nachrüstungsbeschluß!, Frankfurt a. Main 1982, S. 33 f.

Wir stehen darüber hinaus vor der Tatsache, daß der erlebte und überlieferte Schrecken immer verheerenderer Kriege die Menschen nicht davon abgehalten hat, weiter Krieg gegeneinander zu führen. Nach dem Einsatz der Atombombe in Hiroshima und Nagasaki wurde diese Massenvernichtungswaffe mit enormem Aufwand weiterentwickelt. Deren Einsatz ist – trotz der bekannten Folgen – unter dem Deckmantel der Abschreckung wahrscheinlicher denn je geworden.

Wir fragen also: Wie ist es möglich, daß sich die Gefahr eines Krieges ständig erhöht, obwohl alle Politiker von Frieden sprechen?

Neben ökonomischen, politischen und sozialen Ursachen wird die Atomkriegsdrohung auch heute noch wirksam durch Feindbilder unterstützt. Jeder kennt aus der Geschichte die Anwendung von Gewalt im eigenen Land und zwischen Staaten. Es gibt Gefühle der Bedrohung, durch Ideen, durch Interessen, durch Menschen anderer Kultur und Weltanschauung. Der Bezug solcher Eindrücke zur Wirklichkeit kann mehr oder weniger klar sein, aber auch auf einem völlig wirklichkeitsfernen, dumpfen Empfinden

beruhen. Feindbilder bringen alle diese Erlebnisse und Gefühle, die wirklichkeitsbezogenen genauso wie die irrealen, auf einen groben Nenner. Durch gezielte Vereinfachung entsteht so das Bild eines überaus bedrohlichen, überaus grausamen und mächtigen Feindes, dessen Vernichtungswille niemandem Schonung gewährt.
Feindbilder sind nicht Abbildung, sondern Zerrbild, aber sie geben vor, die wesentlichen Eigenschaften des anderen wiederzugeben. Die Wirkung eines Feindbildes liegt in der Überzeugungskraft, mit der es dies schafft.

Kurz gesagt, bestehen Feindbilder aus vier Elementen:

- Dem Gegner wird der unbezweifelbare Wille unterstellt, mich angreifen und vernichten zu wollen.
- Der Gegner bedroht nicht nur meine physische Existenz, sondern die humanen Werte, die ich verkörpere und damit das, wofür es sich lohnt zu leben, was dem Leben Sinn gibt.
- Dic Alternative, sich zu ergeben oder sich vernichten zu lassen, stellt sich angesichts dieser Vernichtungsbedrohung nicht, weil sie ohne Sinn ist.
- Die einzige sinnvolle Reaktion auf die Vernichtungsabsicht des Gegners besteht darin, ihm zuvorzukommen.

Die Konsequenzen sind ebenso einfach wie fatal. Da jede Seite nach dem gleichen Muster sich ein Bild von ihrem Gegenüber zurichtet, eskaliert die Bereitschaft, zur gegenseitigen Vernichtung erst langsam und mit zunehmender Dauer immer schneller.

In unserem Szenario gehen wir davon aus, daß hochstilisierte Feindbilder die psychischen Voraussetzungen für den Ausbruch eines atomaren Krieges über Jahre geschaffen haben. Wir gehen des weiteren davon aus, daß politische, also letztlich menschliche Entscheidungen über einen Atomkrieg bereits in die Rüstungsmaschinerie einprogrammiert sind und daß daher konkrete politische Entscheidungen nicht mehr unmittelbar den Ausschlag geben müssen, die Katastrophe in Gang zu setzen. Eine Nachlässigkeit bei der Kontrolle und Überwachung der riesigen Kriegsmaschinerie reicht aus, um einen atomaren Krieg auszulösen (vgl. hierzu STROHM, 1981, S. 462–494).

Die Annahmen, auf denen unser Szenario beruht, lassen sich leicht durch andere auswechseln. An den Folgen ändert das nichts.

Technische Fehler als Ursache eines Atomkrieges

Durch die extrem kurzen Vorwarnzeiten kann nach Stationierung der neuen Mittelstrecken-Raketen in Mitteleuropa leicht ein Atomkrieg »aus Versehen« ausbrechen. Der Computer-Irrtum, der in unserem Beispiel eine entscheidende Rolle spielt, ist nicht an den Haaren herbeigezogen: In nur 18 Monaten registrierten Experten im amerikanischen Frühwarnsystem 151 gravierende Fehlalarme, 5mal wurde dabei höchste Alarmstufe für die Mannschaften der Atombombenflugzeuge und das Bedienungspersonal der ballistischen Interkontinentalraketen ausgelöst. Dies führte bislang nicht zur Katastrophe, da die Fehler durch die langen Vorwarnzeiten – den Vereinigten Staaten und der Sowjetunion bleiben ca. 20 Minuten, um sich

über die Ernsthaftigkeit eines Angriffs zu vergewissern –, noch rechtzeitig aufgedeckt werden konnten. Die neuen Mittelstreckenraketen in Europa verkürzen die Vorwarnzeit auf ca. 5–7 Minuten.
Um die sich hieraus ergebende ungeheure Gefahr anschaulich zu machen, haben wir eine Situation konstruiert, wie sie womöglich im Jahre 1985 eintreten könnte. Wir versetzen uns also in die nahe Zukunft:
Nachdem die Verhandlungen über eine Begrenzung der Mittelstreckenwaffen zu keinem Ergebnis geführt haben, wird 1983 mit der Aufstellung von Pershing-II-Raketen in der Bundesrepublik begonnen. Mitte 1985 ist ein großer Teil der neuen Waffen installiert, also abschußbereit, ebenso die ersten Marschflugkörper. – Im Juni 1985 wird der saudische König ermordet. Radio Teheran ruft die Bevölkerung zum Sturz der Monarchie auf und fordert eine islamische Republik in Saudi-Arabien. Durch gezielte Sabotageanschläge kommt die saudische Ölversorgung zum Erliegen. Um die Ölversorgung des Westens zu sichern, verlegen die USA Truppenverbände in den Nahen Osten und drohen mit militärischem Eingreifen. Der Iran sucht diplomatischen Rückhalt in Moskau. Ein Beistandspakt ist im Gespräch. Die direkte Konfrontation der Supermächte im Nahen Osten ist nicht mehr auszuschließen. Es herrscht große Nervosität auf beiden Seiten.

14. Juni 1985

10.05 Uhr: Auf den Bildschirmen des sowjetischen Frühwarnsystems werden plötzlich zahlreiche aus Mitteleuropa kommende, in Richtung Sowjetunion fliegende Objekte gesichtet. Der Computer ermittelt in wenigen

Sekunden aus der Flugbahn die voraussichtlichen Ziele. Es handelt sich um die wichtigsten Militäreinrichtungen im europäischen Teil der Sowjetunion und auf dem Gebiet ihrer Verbündeten, außerdem um die im Westen gelegenen Abschußrampen der SS-20. Die sowjetischen Raketenstreitkräfte werden sofort in höchste Alarmbereitschaft versetzt. Der verantwortliche Offizier versucht, Kontakt mit der politischen Führung im Kreml aufzunehmen.

10.07 Uhr: Inzwischen sind 2 Minuten vergangen. Die Flugkörper auf den Radarschirmen nähern sich der sowjetischen Grenze. Die Computeranalyse ergibt: Offensichtlich handelt es sich um Atomraketen mittlerer Reichweite. Es ist zu befürchten, daß die NATO-Staaten einen Erstschlag führen. Außerdem ist mit dem Einatz von tieffliegenden Marschflugkörpern, die vom Radar nicht erfaßt werden können, zu rechnen. Die politische Führung der Sowjetunion befindet sich im Augenblick auf dem Moskauer Flugplatz, um einen Staatsgast zu verabschieden.

10.09 Uhr: Der sowjetische Parteichef wird dringend im Flughafengebäude verlangt. Der diensthabende Offizier schildert ihm am Telefon die Lage: In ca. 2 Minuten ist mit den ersten Treffern auf sowjetischem Gebiet zu rechnen. Der sowjetische Parteichef gibt Order, im Kreml den heißen Draht nach Washington zu aktivieren. Er bespricht sich mit den gerade anwesenden Beratern.

10.10 Uhr: Der Kontakt mit Washington ist noch nicht zustande gekommen. Die sowjetische Führung beschließt, einen Teil ihrer SS-20 zu starten, um sie vor der Vernichtung zu bewahren und um einen Vergeltungsschlag zu führen. Die Raketen sind zum Teil gegen wichtige militärische Einrichtungen und Kommandozentralen programmiert. Ulm ist ein bevorzugtes Ziel. Viele wichtige Einrichtungen der Bundeswehr und der US-Streitkräfte sowie großer Rüstungsfirmen finden sich hier.

10.13 Uhr: In der Bundesrepublik Deutschland wird ABC-Alarm ausgelöst. Ein Großteil der Bevölkerung glaubt an eine Übung. Die zu öffentlichen Schutzräumen erklärten Tiefgaragen sind mit parkenden Autos besetzt. Diejenigen, die private Schutzräume im Keller ihrer Häuser oder im Garten besitzen, sind bei der Arbeit, in der Schule oder unterwegs.

10.14 Uhr: Die erwarteten Einschläge in der Sowjetunion bleiben aus. Die sowjetischen Techniker des Frühwarnsystems finden einen Fehler. Irrtümlich wurde ein Übungsprogramm in den Computer eingegeben.

Die sowjetischen SS-20 sind gezündet worden und zu diesem Zeitpunkt nicht mehr zu beeinflussen.

10.15 Uhr: Über Ulm explodiert relativ bodennah eine der zahlreichen Wasserstoffbomben, die innerhalb weniger Minuten Mitteleuropa zerstören.

Die Auswirkungen einer 1-Mt-Bombe auf Ulm

Die durchschnittliche Sprengkraft einer sowjetischen Kernwaffe für strategische Einsätze beträgt ca. 1 Mt *(vgl. SIPRI 1983, Kap. Strategische Nuklearwaffen; 1 Mt = 1 Megatonne = 1 Million Tonnen des »herkömmlichen« militärischen Sprengstoffs Trinitrotoluol = TNT).* [Wir wissen, daß die SS-20 mit drei Sprengköpfen mit je 250 Kt *(1 Kt = 1 Kilotonne = 1000 Tonnen TNT)* bestückt ist. Die Zerstörung ist dann jedoch noch größer als durch eine einzige Detonation mit 1 Mt, wenn die Geschosse in wenigen Kilometern Entfernung voneinander einschlagen.] Wir gehen in unserem Szenario davon aus, daß eine 1-Mt-Bombe über der Ulmer Innenstadt zur Explosion käme.

0,006 Sekunden

0,016 Sekunden

0,034 Sekunden

0,072 Sekunden

0,100 Sekunden

1 Sekunde

Hitze und Druck

Im Bruchteil einer Sekunde entsteht ein gewaltiger Feuerball von einigen hundert Metern Durchmesser über der Ulmer City. Im Innern Millionen, am Rand immer noch mehrere Tausend Grad Celsius heiß.

Alles **im Umkreis von ca. 1,5 km** verglüht – selbst die Oberflächen von Steinen schmelzen. Die ganze Ulmer Innenstadt vom Römerplatz bis zum Stadion, vom Michelsberg bis zum Neu-Ulmer Bahnhof ist verschwunden. Wo das Ulmer Münster stand, hat die Bombe einen riesigen Krater gerissen. Alle öffentlichen Atombunker der Stadt Ulm sowie alle Schwerpunktkliniken der Region sind zerstört.

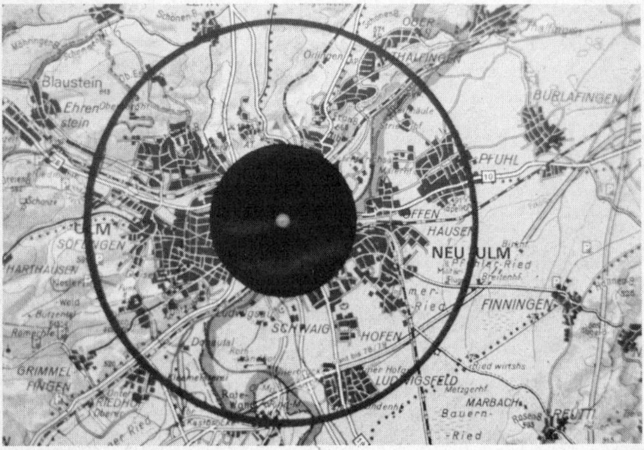

Es ist also noch schlimmer als in Hiroshima – die Bombe ist 70mal stärker. Bomben mit der Stärke, wie sie über Hiroshima und Nagasaki eingesetzt wurden, werden heute nur noch als atomare Gefechtsfeldwaffen verwendet.

Im Umkreis von 4 km fallen alle Gebäude in sich zusammen. Alle Menschen werden sofort getötet, auch die in Bunkern. Allein spezielle Atombunker halten hier dem Druck stand, d. h. lediglich die Menschen, die in den zur Verfügung stehenden 2–3 Minuten in der Lage waren, den Bunker unter dem Bundeswehrkrankenhaus oder dem Neu-Ulmer Landratsamt aufzusuchen oder ihren privaten Atombunker erreichen konnten, werden zunächst überleben. Durch die Hitzestrahlung wird in diesem Bereich alles brennen. Großfeuer werden den gesamten Sauerstoff verbrauchen, so daß die Menschen in den Atombunkern mit großer Wahrscheinlichkeit nach wenigen Stunden ersticken.

Wenn man die Luftaufnahme von Nagasaki vor und nach dem Einsatz einer erheblich schwächeren Atombombe betrachtet, wird verständlich, daß im ganzen Ulm/Neu-Ulmer Gebiet, zwischen Söflingen und Pfuhl, zwischen Ludwigsfeld und Böfingen niemand überleben wird. Das bedeutet, innerhalb dieses 4-km-Radius über 100 000 sofort Tote.

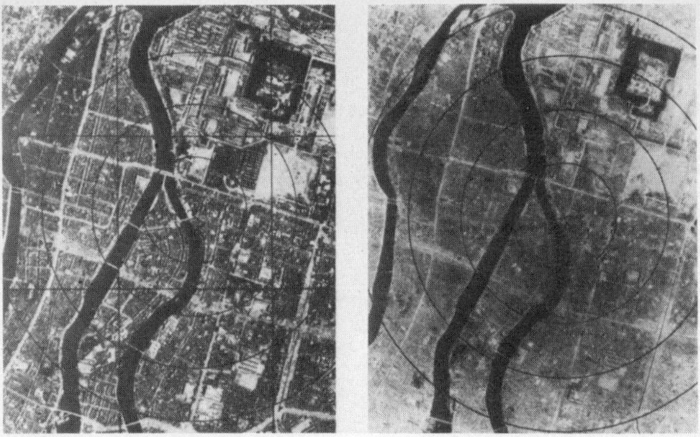

Im Bereich **zwischen 4 und 7 km** vom Explosionszentrum entfernt werden immer noch 50% der Menschen sofort getötet und 40% schwer verletzt. Burlafingen, Thalfingen, Jungingen, Lehr, Mähringen, Ehrenstein, Klingenstein, Harthausen, Grimmelfingen, das Industriegebiet Donautal, Wiblingen und Unterkirchberg wären dieser Zone zuzurechnen. Die Hälfte aller Häuser wird durch die Druckwelle zerstört.

Ebenso werden unterirdische Anlagen wie Wasser-, Öl- und elektrische Leitungen durch die sich weit ausbreitende Erdbebenwirkung des Drucks zerstört.
Circa 50 Prozent der Explosionsenergie werden in Form von Druckwellen frei. Die erste Druckwelle breitet sich schockartig aus mit Überschallgeschwindigkeit. Die Schockwelle hinterläßt einen Raum mit negativem Druck. Nach einem Augenblick der Ruhe setzt ein Wind von Hurrikanstärke in entgegengesetzter Richtung ein, also hin zum Explosionsort.

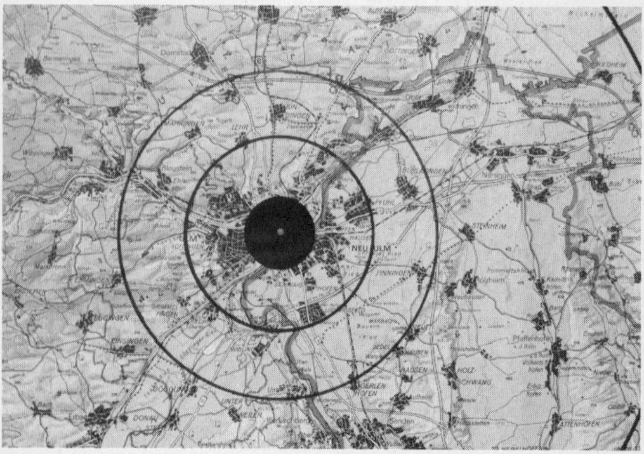

Nicht beherrschbare Brände wüten auch in dieser Zone und zerstören den Rest.
Durch die direkte Hitzestrahlung entstehen Verbrennungen dritten Grades noch in 7 km Entfernung. Im Bereich zwischen 4 und 7 km um das Ulmer Zentrum herum wohnen ca. 37 000 Menschen, davon werden ca. 15 000 schwer verletzt sein. Von den ca. 20 in diesem Bereich praktizierenden Ärzten werden maximal 2 unverletzt sein.

Bis 10 km werden noch die Wände von Stahlbetonbauten weggerissen. Herumfliegende Trümmer werden 5% der Menschen sofort töten und 50% schwer verletzen. In diesem Bereich, in dem die Gemeinden Nersingen, Beimerstetten, Dornstadt, Herrlingen, Ermingen, Eggingen, Einsingen, Donaustetten, Unterweiler, Oberkirchberg, Ay, Senden, Gerlenhofen, Hausen, Reutti und Holzheim liegen, leben ca. 75 000 Menschen. Es ist damit zu rechnen, daß hier ca. 37 000 Schwerverletzte anfallen werden. Von den 30 in diesem Einzugsgebiet praktizierenden Ärzten werden höchstens 14 unverletzt bleiben und zu Hilfsmaßnahmen herangezogen werden können.

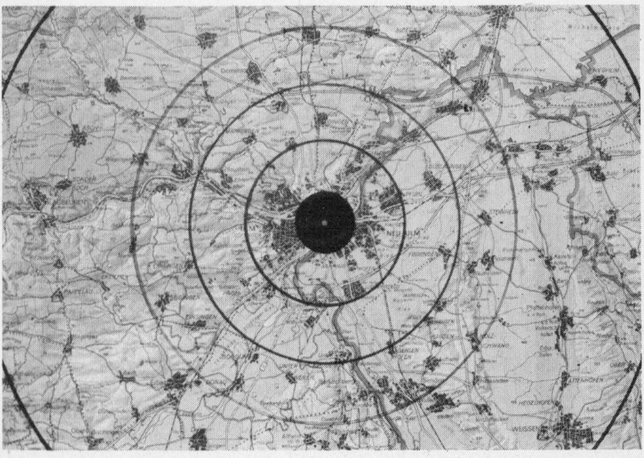

Im Umkreis bis zu 18 km werden noch Gebäude beschädigt und durch die herumfliegenden Trümmer 25% der Menschen schwer verletzt, d. h. von den 100 000 Bewohnern dieser Region tragen ca. 25 000 schwere Verletzungen davon. Hier liegen die ersten eventuell nur gering geschädigten Krankenhäuser: Illertissen, Weißenhorn, Langenau, Blaubeuren mit nicht viel mehr als 500 Betten.

Für die über 77 000 Schwerverletzten um Ulm herum bedeutet dies, daß kaum einer mit einem Krankenhausbett rechnen kann. Vorausgesetzt, daß alle Krankenhausbetten frei sind, hätte, rein rechnerisch, nur jeder 150. Schwerverletzte eine Chance. Wenn man dann noch davon ausgeht, daß es sich zum Großteil um Menschen mit Kombinationsverletzungen handelt (z. B. Brüche, Verbrennungen und Strahlenschäden), so sind diese Krankenhäuser zu einer Versorgung dieser Schwerverletzten überhaupt nicht in der Lage.
Noch Tage nach der Katastrophe bieten die Bezirke, in denen Menschen zunächst schwer verletzt überlebten, das Bild des Schreckens. Zwischen Toten, die verwesen, liegen Schwerverletzte, die um Hilfe rufen. Dieses und das

folgende Bild wurden von Hiroshima-Überlebenden aus ihrer Erinnerung gemalt.

Menschen, deren Haut in Fetzen vom Körper hängt, irren umher und suchen nach Flüssigkeit, um ihren Durst zu stillen. Doch die Wasserleitungen geben kein Wasser und die Oberflächengewässer sind radioaktiv verstrahlt.
In der Donau treiben Tausende von Leichen. Sie wurden entweder durch die Druckwelle hineingeschleudert oder brachen auf der Suche nach Wasser am Ufer zusammen. Das Bild zeigt, wie Tage nach der Explosion überlebende Kinder über eine Behelfsbrücke geborgen werden.

Die Überlebenden können keine Hilfe erwarten. Zur Versorgung der über 77 000 Schwerverletzten stehen höchstens 100 unverletzte Ärzte zur Verfügung. Daß diese Zahlen einigermaßen realistisch sind, zeigt ein Zahlenvergleich mit der Situation in Hiroshima. Dort gab es 75 000 Tote und 100 000 Schwerverletzte. Von 150 Ärzten überlebten 30, von 1780 Krankenschwestern 126.

	Tote	Schwer-verletzte	überlebende Ärzte
Ulm (Berechnungen bei 1 Mt ohne Wirkung des fall-out)	120 000	77 000	max. 100
Hiroshima (mit Auswirkung des fall-out)	75 000	100 000	30

Von den Schwerverletzten haben mindestens 40 000 Brandverletzungen mit Verbrennungsflächen von über 30% der Körperoberfläche. Um diese Menschen vor dem Verbrennungsschock zu bewahren, müßte bei ihnen spätestens nach 2–3 Stunden mit einer intensiven Infusionstherapie begonnen werden. Hierfür steht aber weder Personal noch Material bereit. Eine wirksame medizinische Versorgung einer derart großen Zahl von Schwerverletzten, insbesondere mit Verbrennungen, würde auch in Friedenszeiten das gesamte Gesundheitssystem der Bundesrepublik Deutschland total überfordern. Die Behandlung, soll sie Aussicht auf Heilung haben, dauert bei jedem einzelnen Patienten mehrere Monate.

Auch in den Randbezirken, in denen die Zerstörungen nicht so stark sind, lassen sich koordinierte Hilfsaktionen nur schwer durchführen. Durch den elektromagnetischen Impuls der Kernwaffenexplosion ist es wahrscheinlich, daß in einem weiten Umkreis die Kommunikationsmittel wie Telefon, Radiosender und -empfänger sowie Funkgeräte der Hilfsorganisationen ausfallen. Auch die Motoren von Rettungswagen und Rettungshubschraubern würden sich nicht zünden lassen. Mit Hilfe, die in dieser Randzone für die unmittelbar Betroffenen zu organisieren wäre, ist innerhalb der erforderlichen Zeit nicht zu rechnen, selbst wenn genügend unverletzte Menschen dafür zur Verfügung stünden.

So wie in dieser Illustration eine Rettungsaktion dargestellt wird, ist das ein frommer Betrug.

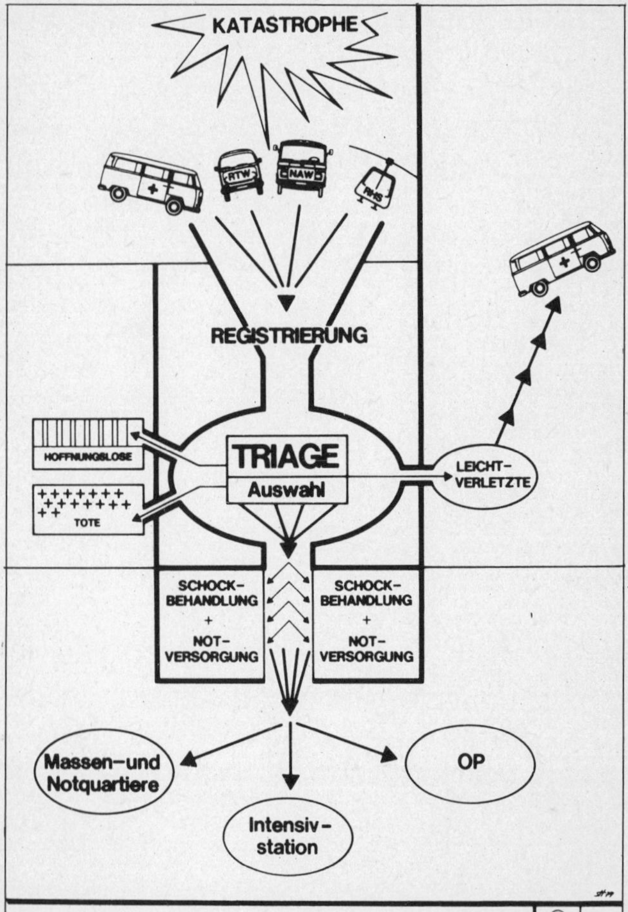

VERLETZTEN-VERTEILUNG im KRANKENHAUS beim KATASTROPHENFALL — MHH Unfallchir. — Suren, Tscherne 1979

Neben den verheerenden Wirkungen von Hitze- und Durckwelle in Explosionsnähe gibt es bei einer Atombombenexplosion noch eine Besonderheit, die die Menschen weit über das eigentliche Explosionszentrum hinaus krank macht bzw. tötet: den radioaktiven fall-out. Er entsteht durch Anlagerung radioaktiver Spaltprodukte an Staubpartikel, die bei einer bodennahen Detonation in Massen aufgewirbelt werden. Diese Wolke, die bis zu mehreren Kilometern hoch sein kann, wird dann mit dem Wind mehr oder weniger rasch weitertransportiert. Sie läßt sich nicht aufhalten. Die Menge des fall-out hängt neben der Bombenstärke von der Detonationshöhe und der Windgeschwindigkeit ab, wobei nicht vergessen werden darf, daß durch die Explosion selbst und die nachfolgenden Brände erhebliche Stürme ausgelöst werden.
Circa 15 Prozent der Energie werden als ionisierende Strahlung frei. Davon wird ein Drittel (5 Prozent) innerhalb einer Minute nach der Explosion als Anfangsstrahlung abgegeben. Der Rest (Residualstrahlung) geht vom radioaktiven Material des fall-out aus. Der sogenannte Früh-fall-out besteht aus größeren strahlenden Teilchen, die aus dem Explosionskrater und seiner Umgebung stammen und nach einigen Stunden und Tagen auf die Erde zurückkehren. Kleinere Mengen gelangen in höhere Schichten der Atmosphäre, wo sie Monate bis Jahre bleiben, um später langsam zur Erde zu sinken. 40 Prozent des fall-out bei bodennaher Explosion bleiben für längere Zeit in der Atmosphäre.

Nun zurück zu unserem Beispiel: Man sieht hier bei

Südwest-Wind das Ausbreitungsgebiet des radioaktiven Niederschlags für die 1-Mt-Bombe auf Ulm in den ersten 12 Stunden. Wir wollen es in drei Zonen einteilen, in denen die Radioaktivität unterschiedliche Stärke aufweist.

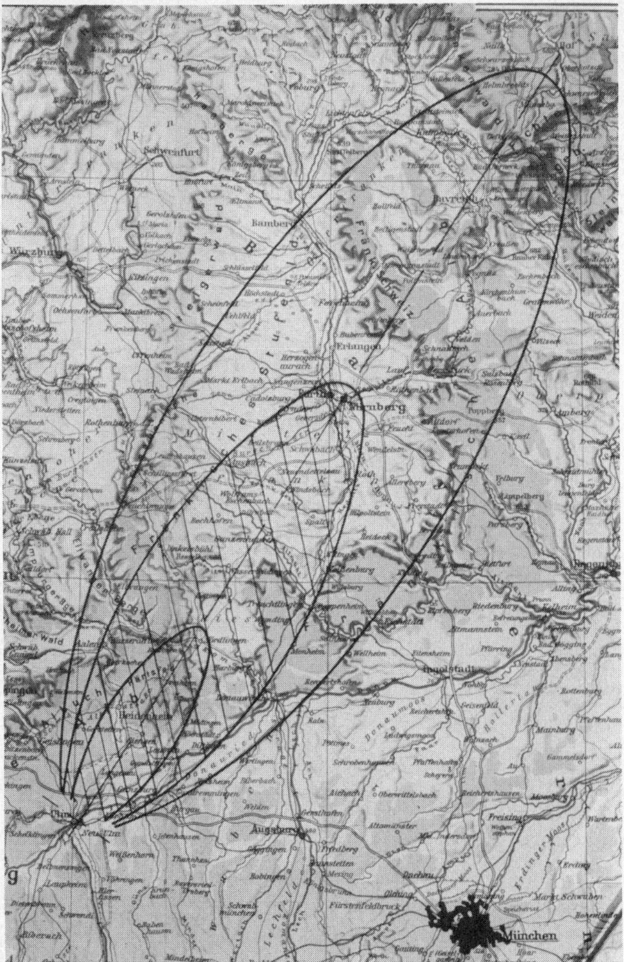

In der **inneren Zone,** die bei einer angenommenen Windgeschwindigkeit von 20 km/h ca. 60 km lang ist, liegt die effektive Residualdosis bei über 2000 rem im Freien. *(rem = röntgen equivalent men = sog. Äquivalentdosis = Einheit zur Messung der unterschiedlichen schädigenden Wirksamkeit verschiedener Strahlenarten, die in gleicher Menge aufgenommen wurden, auf menschliches Körpergewebe; nur noch bis 1985 gültig; 1 rem = 0,01 Sievert [Sv].)* Bei einer Dosis über 1000 rem stirbt jeder. Auch bei 700 rem stirbt noch fast jeder, aber er wird vorher mehr oder weniger lange strahlenkrank sein.

Die **mittlere Zone** ist ca. 140 km lang. In ihr wohnen gut 400 000 Menschen. Die Radioaktivität liegt zwischen 2000 und 400 rem. Bei 400 rem stirbt immer noch die Hälfte der Menschen. Deshalb muß man annehmen, daß im Inneren dieser Zone kein Einwohner überleben wird. Man sieht, daß Nürnberg und Fürth noch am Rande dieser Zone liegen, d. h. daß ein Großteil der dort lebenden Bevölkerung zugrunde gehen wird.

Lediglich in der **äußeren Zone,** in der weitere 900 000 Menschen leben, werden die meisten nach einer unterschiedlich schweren Strahlenkrankheit überleben.

In diesem Beispiel waren die Verhältnisse noch relativ günstig. Anders schon sieht es bei Westwind aus:
Hier wird der fall-out über dichter besiedelte Gebiete getrieben. Augsburg zum Beispiel liegt nahe der inneren Zone, wo jede Überlebenschance auszuschließen ist. In München wird die Hälfte der Bevölkerung sterben, und selbst in Salzburg wird es noch Strahlenkranke geben.

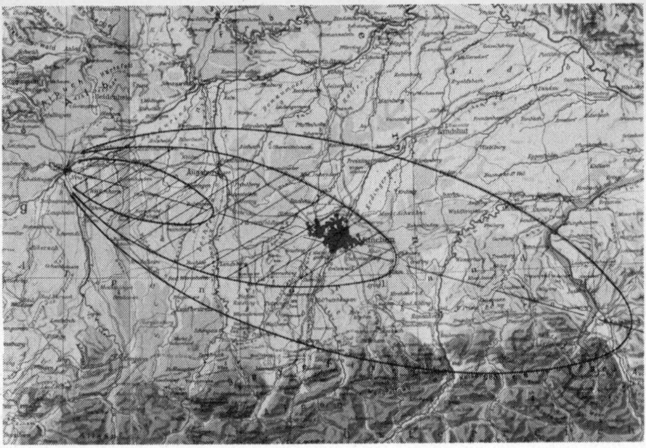

Bei Südost-Wind z. B. würde in Stuttgart keiner überleben. Die Hälfte der Karlsruher hätte die Chance, mit dem Leben davonzukommen.

Kann man die Bevölkerung in diesen Gebieten evakuieren? Jede Hilfsmaßnahme müßte zügig anlaufen, aber wohin mit so vielen Menschen?

Massenevakuierungspläne für die BRD sind uns nicht bekannt. Ein Sprecher des britischen Verteidigungsministeriums beurteilte diese Zivilverteidigungsmaßnahme so: »Jeder Versuch einer Massenevakuierung würde mehr Probleme schaffen als er lösen könnte« (BRITISH MEDICAL ASSOCIATION 1983, S. 107). An anderer Stelle heißt es: »Evakuierungspolitik hat ihre Probleme. Ausreichende Warnzeiten werden benötigt, um erfolgreich zu evakuieren. Die Kosten für das Land sind kolossal, und daher werden Regierungen sehr wenig willens sein, Evakuierungspläne in die Tat umzusetzen. Wenn allerdings ein Versuch unternommen würde, die Gesamtbevölkerung zu evakuieren, würde dies vom Feind als Teil der Vorbereitung auf einen Krieg gesehen und könnte ihn zu einem Präventivschlag veranlassen« (BRITISH MEDICAL ASSOCIATION 1983, S. 121).

Nehmen wir einmal an, daß drei Atombomben im süddeutschen Raum fielen und zwar auf Stuttgart (EUCOM:

Befehlszentrale der US-Truppen in Europa), auf das geplante Stationierungsziel in der Gegend von Neu-Ulm sowie auf die Pershing-I-Basis der Bundeswehr bei Landsberg/Lech. So würde bei Südwestwind die Situation sich in etwa darstellen. Man sieht, daß praktisch ganz Süddeutschland vom fall-out erreicht wird.

Medizinische Probleme im Nuklearkrieg

> ***Kernwaffen sind Massenvernichtungswaffen.*** Das Ausmaß an Verlusten, das durch den Einsatz selbst nur weniger solcher Waffen entstehen müßte, wäre ohne Parallele in der Kriegsgeschichte.
> Das schlagartige Auftreten von riesigen Verletztenzahlen würde jeden Sanitätsdienst vor beispiellose Aufgaben der Behandlung der Verwundeten stellen.
>
> Otfried Messerschmidt
> (1980, S. 217)

Wir wollen nun einige der wichtigsten medizinischen Probleme, die als Folgen einer Nuklearexplosion auftreten, darstellen und sie unter dem Gesichtspunkt betrachten, ob und inwieweit sie zu bewältigen sind. Auf einen vollständigen Überblick über alle medizinischen Spezialprobleme müssen wir im Rahmen unseres Szenarios verzichten.

Augenschäden

Die Kenntnisse über die Verletzungs- und Schädigungsarten der Augen bei Atombombenexplosionen stammen aus den Untersuchungen über die Folgen der Atombombenexplosion in Hiroshima und Nagasaki. Zum besseren Verständnis kurz einige Erläuterungen zum Bau des Auges.

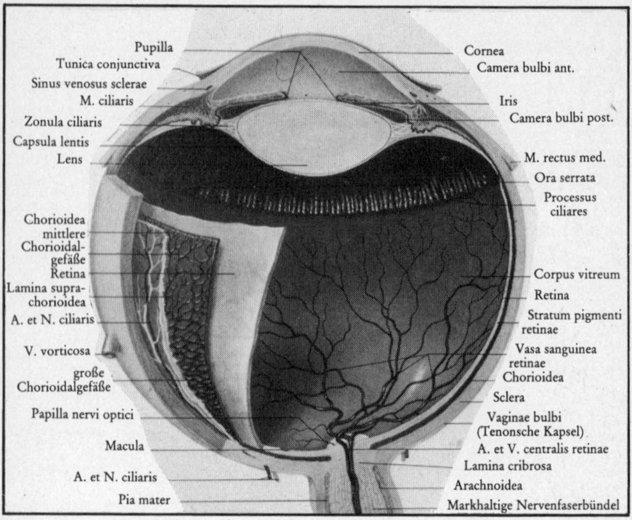

Wenn die Augenlider geschlossen sind, überdecken sie die Hornhaut. Dahinter liegt, teilweise bedeckt von der Regenbogenhaut, die natürlicherweise klare Augenlinse. Weiter innen befindet sich die gallertartige Glaskörpermasse und an der Hinterwand des Auges die Netzhaut mit den lichtempfindlichen Sinneszellen. Die Stelle der Netzhaut, die das deutlichste Sehen ermöglicht, wird als gelber Fleck bezeichnet.

Es gibt verschiedene Verletzungsarten der Augen, die um so schwerer ausfallen, je näher der Mensch am Explosionsherd ist und je weniger er durch Wände oder durch eine dem Explosionsherd abgewandte Körperhaltung geschützt ist.

Mechanische Verletzungen durch herumfliegende Trümmerteile, besonders Glas-, Mörtel- und Steinteilchen: Meist treten dann Wunden im Bereich der Hornhaut auf. Werden sie nicht rasch augenärztlich versorgt, dann hat der Patient, wenn später die Strahlenkrankheit beginnt, eine äußerst schlechte Aussicht auf Heilung.

Wärmestrahlungsverletzungen sind vor allem Verbrennungen der Hornhaut. Wenn das Gesicht dem Explosionsherd zugewandt ist, reicht die Zeit nicht aus, um die Hornhaut mit dem Lidschluß vor der rasend schnell herankommenden Hitzestrahlungswelle zu schützen. Starke Schmerzen verhindern dann für lange Zeit, daß die Augen sich öffnen lassen. Der so Getroffene ist vorübergehend blind. Sehr rasche Behandlung ist nötig, damit die Augen sich wieder öffnen und weiter augenärztlich versorgt werden können.

Langwellige Strahlen führen zu Netzhautveränderungen. Derselbe Effekt ist zu beobachten, wenn jemand eine Sonnenfinsternis mit ungeschützten Augen betrachtet. Da meist der gelbe Fleck verbrannt wird, kommt es zu bleibenden Sehstörungen.

Wenn die Strahlenkrankheit voll ausgebildet ist, beginnt häufig die Netzhaut zu bluten. Diese Blutungen sind kaum erfolgreich zu behandeln. Je nach Ausmaß und Sitz der Blutungen können erhebliche Verminderungen der Sehleistung zurückbleiben.

Die radioaktive Strahlung bewirkt Linsentrübungen, d. h. Grauen Star. Häufiger sind davon junge Leute betroffen. Der Graue Star zeigt sich oft erst 6–10 Monate nach der Explosion. Er könnte später erfolgreich operiert werden.

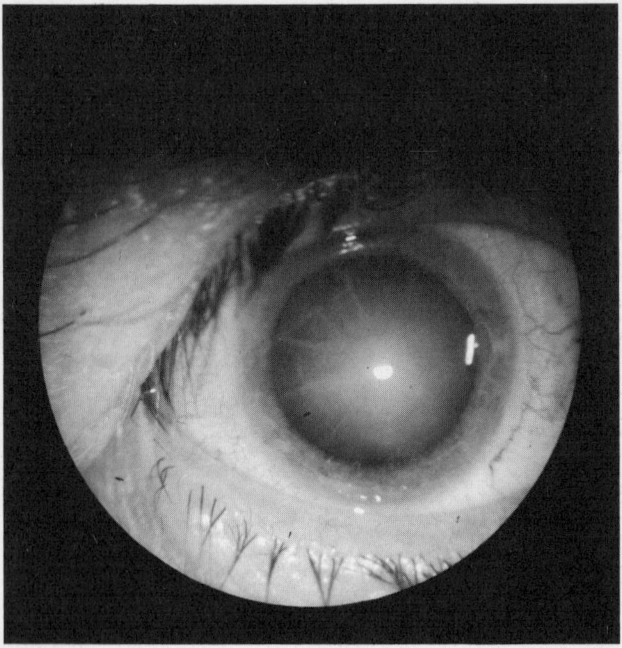

Die Mehrzahl der Augenverletzungen nach einer Kernexplosion bedarf sofortiger Behandlung durch eine Augenklinik. Dies ist im Falle eines Atomkrieges unmöglich. Damit werden die meisten dieser Verletzungen zu bleibenden Schäden mit erheblichen Sehminderungen und zu massenhafter Erblindung führen.

Strahlenschäden

Eine für die Betroffenen unheimliche Wirkung der Explosion von Atomwaffen stellen Strahlenschäden dar, die je nach Menge der aufgenommenen Strahlung zum Tode oder zu lang anhaltender Krankheit führen können.

Radioaktivität entsteht bei einer Atombombenexplosion auf zwei Wegen: einmal durch direkte Strahlung, die auch Boden und Luft in und um den Explosionsort radioaktiv macht, zum anderen durch Freisetzung von ca. 200 verschiedenen radioaktiven Spaltprodukten, die zwischen wenigen Tagen und vielen Jahrtausenden weiterstrahlen. Dies bedeutet, daß, abgesehen von den durch Hitze und/oder Druckwelle am Explosionsort getöteten Personen, die Überlebenden in der Umgebung entweder durch die direkte harte Strahlung (v. a. Gammastrahlung) getroffen oder verstrahlt werden oder in den folgenden Tagen, Wochen und Jahren durch Einwirkung der radioaktiven Spaltprodukte gefährdet oder getötet werden können.

Vor allem die neu entwickelten Atomwaffen, beispielsweise die taktischen thermonuklearen Gefechtsfeldwaffen mit ihrem Prototyp, der Neutronenbombe, zielen ausschließlich darauf, alles Lebendige, Menschen, Tiere und die meisten Pflanzen durch Strahlung auszulöschen, Häuser, Gebäude, die nichtlebendige Materie also, bleibt zum größten Teil erhalten.

Die radioaktiven Spaltprodukte, die mit dem Wind weitertransportiert werden, lagern sich unterwegs überall ab: auf Hausdächern, in den Häusern – Staub dringt selbst durch Fenster – in den Straßen und Gärten, auf Feldern, Wiesen und Weiden, in Flüssen und Seen. Die Menschen kommen nicht umhin, die radioaktiven Stoffe, die unsichtbar sind, die nicht riechen und keinen Geschmack haben, zwangsläufig in sich aufzunehmen, und zwar entweder über die Haut oder über die Nahrung oder ganz einfach, indem sie Luft einatmen. Einige Elemente, Strontium 90 etwa, das nach 28 Jahren erst zur Hälfte zerfallen ist, sind dem Kalzium ähnlich und werden im Körper in alle Zellen eingebaut, besonders aber in die der Knochen. Es gibt bis heute kein zuverlässiges Verfahren, die Menge der aufgenommenen Strahlung exakt zu messen. Da die Krankheitszeichen der Verstrahlten anfangs gleich sind, kann kein Arzt sofort feststellen, wie schwer die Erkrankung ist, welcher Patient überleben, welcher sterben wird. Im Rahmen dessen, was als Strahlenkrankheit bezeichnet wird, treten einige Stunden, nach dem eine hohe Strahlendosis einwirkte, Schwindel, Kopfschmerzen, Müdigkeit, Benommenheit, Übelkeit, Krämpfe und Erbrechen auf. Der Tod kann dann sofort eintreten oder die Beschwerden verschwinden allmählich und kehren innerhalb von einer bis mehreren Wochen zurück, verbunden mit Fieber, Durchfällen, Haarausfall.

Die Strahlung stört sämtliche biologische Abläufe im Körper, ganz besonders die Teilungsfähigkeit der Zellen. Daher sind diejenigen Zellen, die sich am häufigsten teilen (reproduzieren), auch am stärksten gefährdet. Zu ihnen gehören die Zellen des Knochenmarks. Sie sind für die Herstellung der Blutkörperchen zuständig. Durch Abnahme der weißen Blutkörperchen – diese sind entscheidend für die körpereigene Abwehr gegen Infektionen –

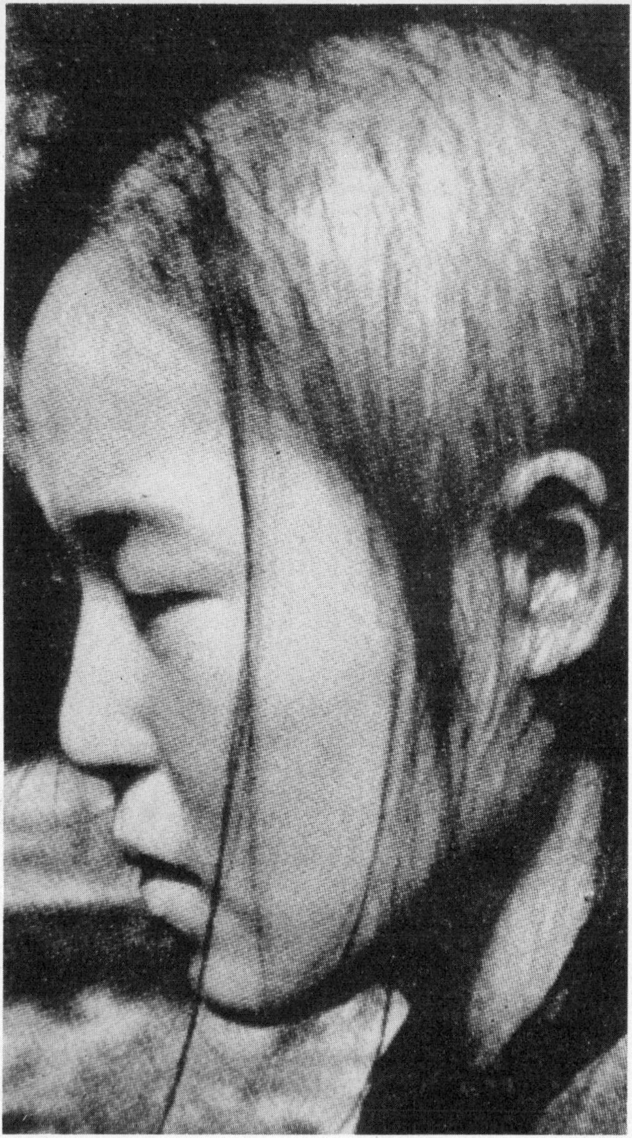

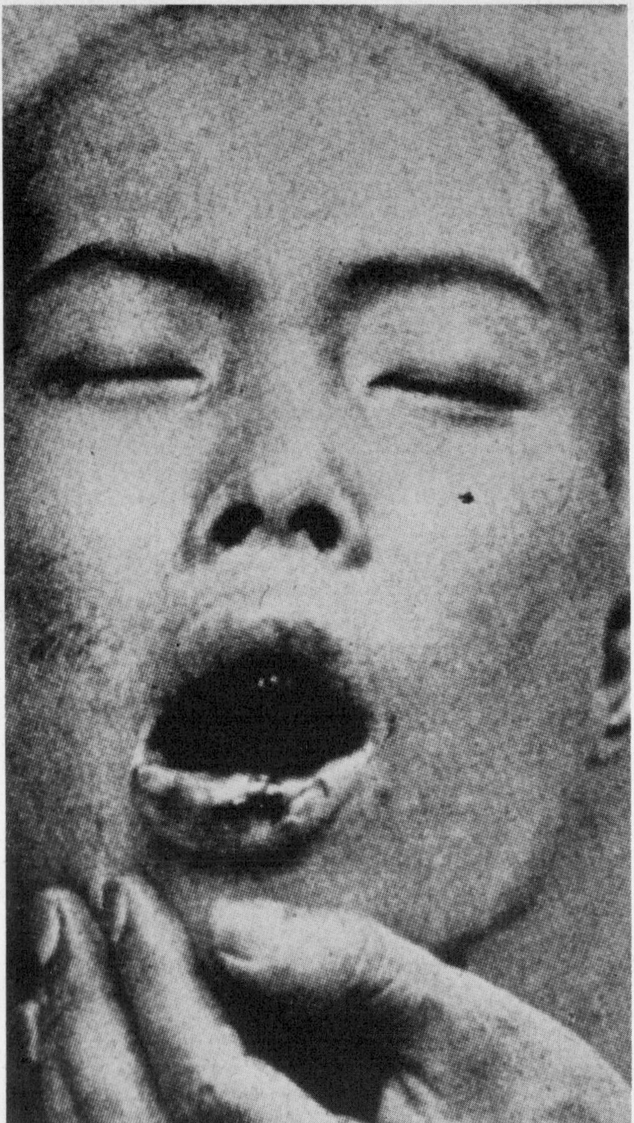

steigt nach einer Bestrahlung die Anfälligkeit. Verletzungen heilen nur schwer. Selbst kleinste Infektionen werden zur tödlichen Gefahr. Schwerste infektiöse Krankheitsbilder sind typisch bei Strahlenerkrankungen.

Innere und äußere Blutungen zeigen die fehlende Bildung von Blutplättchen an. Bei den meisten Personen, deren Knochenmark durch radioaktive Strahlung erheblich geschädigt wurde, treten nach 3–5 Wochen schwere Blutungen überall am Körper auf, so etwa im gesamten Hautbereich. Die Menschen bluten aus Mund, Nase und Ohren. Es kommt zu Bluthusten, blutigem Erbrechen sowie blutigen Durchfällen. Zudem sickert das Blut in die durch Strahlung und Entzündung vorgeschädigten inneren Organe wie Gehirn, Niere, Blase, Darm und Muskulatur und auch in die Körperhöhlen. Infolge der Knochenmarksschädigung und der ohnehin schon fortgeschrittenen Blutarmut bedeutet dies für die Bestrahlten fast immer den kurz bevorstehenden Tod.

Da man die Strahlenbelastung zunächst nicht wahrnimmt, wissen die Betroffenen nicht, in welchem Ausmaß sie verstrahlt sind. Sie ahnen nicht, ob sie in zwei Wochen sterben, chronische Schäden wie Krebs oder Leukämie davontragen oder ob ihre Kinder und Enkel mit schweren Organ- und Hirnschäden zur Welt kommen werden. Viele werden unfruchtbar. Nach 5–10 Jahren setzt unter den Überlebenden eine Blutkrebsepidemie ein.

Die heutige Medizin bietet als einzige wirksame Thereapie die Knochenmarktransplantation an: Blutbildendes Knochenmark wird von einem Spender auf den Erkrankten übertragen. Die Knochenmarktransplantation ist aber nur in seltensten Fällen durchführbar. Allerdings müssen einige Voraussetzungen erfüllt sein, damit die Behandlung Aussicht auf Erfolg hat. Der Patient darf nicht älter als 40 Jahre sein. Als Spender kommen lediglich Geschwister in Frage. Von ihnen sind aber nicht alle geeignet, sondern statistisch nur etwa ein Drittel. Spätestens bei der Wahl des Spenders gibt es die ersten Schwierigkeiten, denn

- erstens hat nicht jeder Geschwister;
- zweitens kommen aus Gründen der Verträglichkeit nicht alle Geschwister in Frage. Es müssen vorher sehr aufwendige Gewebetestungen durchgeführt werden, für die es z. Z. in der Bundesrepublik nur 20 speziell eingerichtete Labors mit Experten gibt;
- drittens kann bei einer nuklearen Katastrophe davon ausgegangen werden, daß die zu Hause lebenden Geschwister ebenfalls erkrankt sind, da sie der gleichen Strahlung ausgesetzt waren;
- viertens werden weit entfernt lebende Geschwister nicht anreisen können.

Doch damit nicht genug. In Deutschland gibt es im Augenblick lediglich *sechs* Zentren, die auf Knochenmarktransplantationen spezialisiert sind, drei davon – Ulm, Tübingen, München – ganz in unserer Nähe, drei – Hannover, Essen und Kiel – weiter weg. 1982 wurden in der Bundesrepublik weniger als 100 Knochenmarktransplantationen durchgeführt, d. h. durchschnittlich zwei pro Woche. Die niedrige Zahl ist bedingt durch den enormen personellen und gerätetechnischen Aufwand und durch die räumlichen Voraussetzungen.

Man braucht:

- für bis zu 60 Tage nach der Transplantation Isolierräume mit Betten;
- speziell ausgebildete Ärzte und Pflegepersonal;
- eine Blutbank für die zahlreichen Frischbluttransfusionen nach der Transplantation;
- seltene und teure Medikamente.

Die Kosten für *eine* Knochenmarktransplantation liegen z. Z. bei ca. DM 60 000 bis 80 000,–.

Abgesehen davon gibt es aus medizinischer Sicht noch zahlreiche weitere Komplikationen, die oft für den Patienten tödlich enden. So ist nicht gesichert, daß das transplantierte Knochenmark nicht abgestoßen wird. Es kann zu schweren Infektionen und Blutungen kommen, oder aber das Transplantat greift den Empfänger an. Unter den günstigsten Umständen, unter denen heute Knochenmarktransplantationen geplant ablaufen, sterben noch immer ca. 40% der Patienten. Unter ungünstigen Voraussetzungen wird diese Zahl mit Sicherheit in die Höhe schnellen (vgl. u. a. GOLDMANN 1981; NIETHAMMER 1981; ARNOLD, GOLDMANN, HEIMPEL, KUBANEK 1982; UNI ULM INTERN 1983).

25–35% der Energie einer Atombombe werden innerhalb von 0,01 sec in Form von thermischer Strahlung freigesetzt. Es gibt einen hellen Lichtblitz und danach eine starke Hitzewelle. Nebel, Rauch und dichte Wolken behindern die Ausbreitung. Reflektierende Flächen – wie Eis und Schnee – verstärken die thermische Strahlung. Es entstehen:

- Verbrennungen *direkt* durch die thermische Strahlung. Bei klarem Wetter bewirkt die Detonation einer Kernwaffe von 1 Mt noch in 12 km Entfernung Verbrennungen 2. bis 3. Grades. Die dem Explosionszentrum zugewandten meist unbedeckten Hände und das Gesicht sind besonders gefährdet.

- Verbrennungen *indirekt* durch die entstehenden Brände. In einem weiten Bereich wird brennbares Material entzündet. Gardinen, Teppiche, Kleider können durch die geschlossenen Scheiben entzündet werden, noch bevor sie durch die Druckwelle zerstört werden. Je nach Wetterlage, nach Art der Bebauung und Bewachsung werden mehr oder weniger große Flächenbrände entstehen. Dabei können Feuerstürme ausbrechen, mit einem heftigen Sog zum Brandherd hin. Kohlenmonoxidvergiftung und Sauerstoffmangel werden auch in Schutzräumen dazu führen, daß die Eingeschlossenen ersticken. Die meisten Menschen werden den Bränden auch deshalb nicht entfliehen können, weil

  Trümmer, die Fluchtwege versperren

Menschen wegen mechanischer Verletzungen, z. B. der Beine, nicht laufen können bzw. bewußtlos sind

Trümmer, die Schutzsuchenden einschließen oder einklemmen.

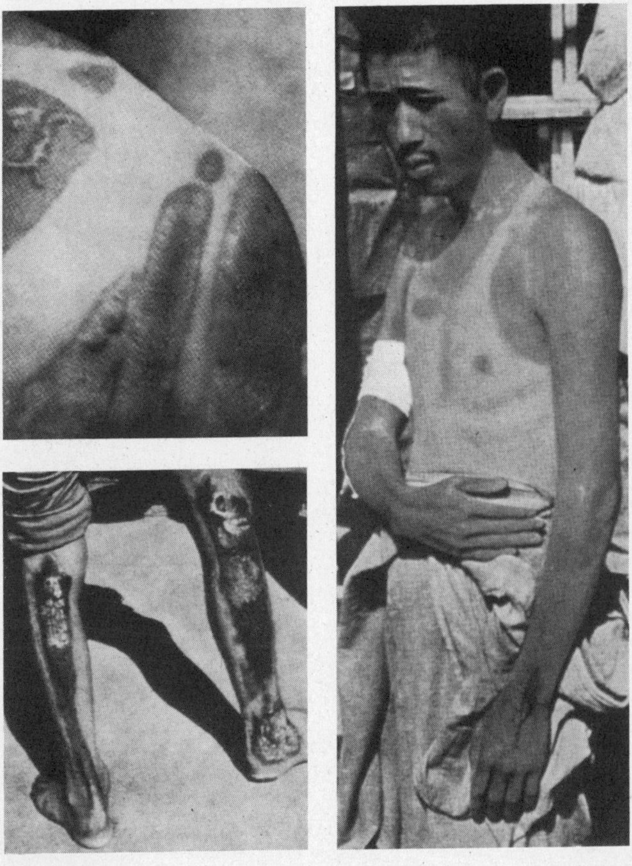

Mindestens die Hälfte der Todesfälle wird auf Brandverletzungen zurückzuführen sein. In Hiroshima hatten über 90% der zunächst überlebenden Bevölkerung Brandverletzungen. Normalerweise besteht Lebensgefahr, wenn über 25% der Körperoberfläche verbrannt sind. Alte Menschen sind besonders gefährdet.

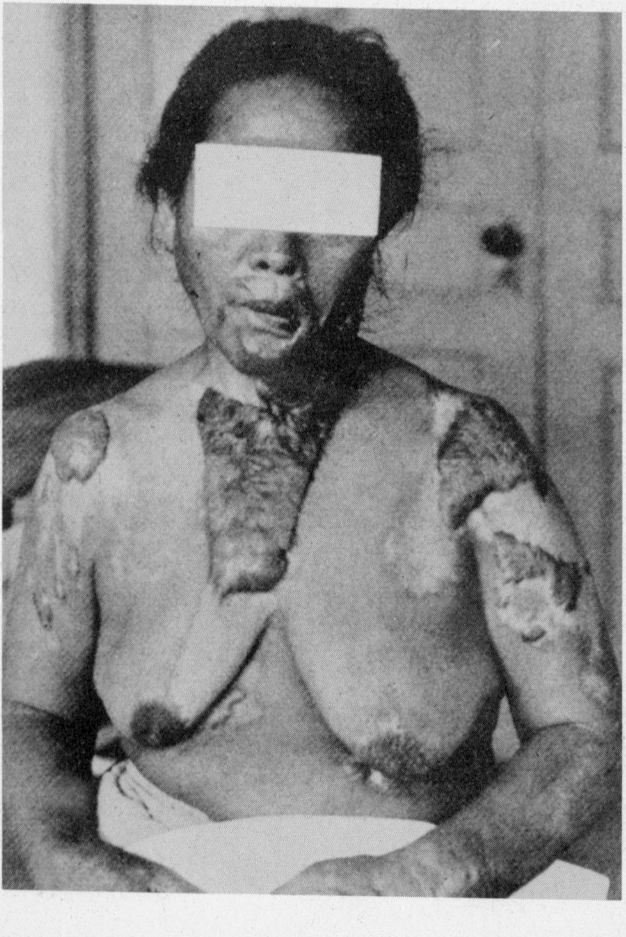

Da mit einer großen Zahl von *Kombinationsverletzungen* zu rechnen ist, zu den Verbrennungen kommen noch mechanische Verletzungen und Einwirkungen radioaktiver Strahlung hinzu, verringern sich die Heilungsaussichten zusätzlich. Vor allem die Strahlenbelastung reduziert die Überlebenschancen beträchtlich.

Man muß von einer Potenzierung der Schädigungswirkung sprechen, weil
- es durch Zusammenbruch der körpereigenen Abwehr häufiger zu Infektionen kommt,
- die Schockempfindlichkeit und Blutungsneigung erhöht ist und
- die Narkosemittel schlechter vertragen werden. Gerade beim schwer Brandverletzten müssen zahlreiche Operationen wegen der Hauttransplantationen durchgeführt werden.

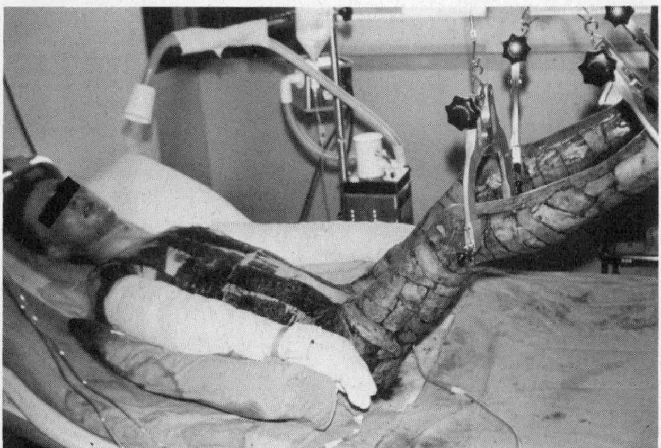

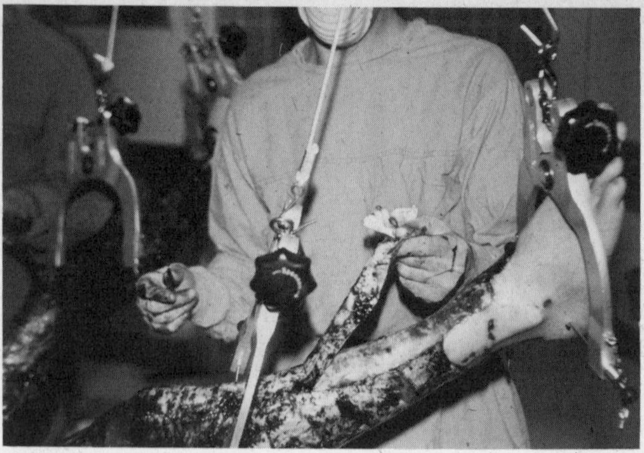

Die Behandlung von schwer Brandverletzten erfordert:

- eine enorme Menge an Infusionen, Antibiotika, Verbandsmaterial etc.
- spezielle Schulung des Personals
- spezielle Ausrüstung der Krankenhäuser (Spezialbetten, Labor etc.)
- eine lange Behandlungsdauer.

In Baden-Württemberg gibt es zur Zeit nur 26 Verbrennungsbetten, die zur Behandlung bereitstehen. 40 000 schwer Brandverletzte müßten um Ulm herum versorgt werden. Jeder Schwerverbrannte hat also eine Chance von 1 zu ca. 1500, ein solches Bett zugeteilt zu bekommen, vorausgesetzt, alle diese Betten bleiben erhalten. Ein Erwachsener mit 30% Verbrennung der Körperoberfläche benötigt in den ersten 48 Stunden, um nicht in einen Schock zu geraten, 10 Liter Infusionslösung – davon ein Drittel humane Eiweißlösung. Geht man von unserem Ulmer Beispiel aus, so wären allein für die Infusionsbehandlung in den ersten zwei Tagen 400 000 Liter erforderlich. Das sind Mengen, die nicht zur Verfügung stehen und auch bei gestörter Infrastruktur nicht herangeschafft werden können. Daß die übrigen Voraussetzungen für eine Behandlung einer derart großen Verletztenzahl ebenfalls fehlen, ist selbstverständlich.

Aus dieser Situation ergibt sich:

1. Schwer Brandverletzte haben im Falle eines Atomkrieges keine Überlebenschance, da die erforderliche hochspezialisierte, medizinische Versorgung für die Verletzten nicht zur Verfügung steht.

2. Geringer Brandverletzte haben häufig ebenfalls keine Chance, da sich durch die Kombination mit einer mechanischen Verletzung, aber insbesondere mit einer Strahlenkrankheit, die Überlebenschancen drastisch verringern.

3. Die einzige medizinische »Hilfe« könnte in der Verabreichung von Schmerzmitteln bestehen. Sterbehilfe ist also die einzige realistische Maßnahme, die in einer solchen Situation noch möglich ist (vgl. u. a. AHNEFELD, HAUG 1976).

Muß es wirklich zu diesem Zusammenbruch der medizinischen Versorgung im Katastrophenfall eines atomaren Krieges kommen? Kann dem nicht doch ein gut ausgebauter Zivilschutz entgegenwirken? Kann er nicht doch eine »Katastrophenmedizin« sinnvoll machen? Die beiden folgenden Kapitel »Pro und kontra Zivilschutz« und »Gesetzgebung zur Katastrophenmedizin« gehen diesen Fragen nach.

Pro und Contra Zivilschutz

Das Bundesinnenministerium erklärt: »In einem Verteidigungsfall kann es in unserer geographischen Lage und bei dem Stand der Weiterentwicklung der Waffentechnik keinen absoluten Schutz, keinen ›Vollschutz‹ der Bevölkerung geben. Es ist jedoch ein Teilschutz, ein Grundschutz, möglich, der vielen Menschen die Chance des Überlebens gibt. Außerhalb des zentralen Wirkungsbereiches einer konventionellen oder atomaren Waffe gibt es eine Überlebenschance, wenn entsprechende Vorsorge- und Rettungsmaßnahmen des Zivilschutzes getroffen worden sind.«

Daß die Überlebenschancen der Bevölkerung durch spezielle Maßnahmen (Organisation, Schutzräume etc.) zumindest theoretisch verbessert werden können, steht außer Zweifel. Es gibt eine Computerberechnung des Atombombenangriffs auf Hiroshima und Nagasaki. Dort starben 6 von 10 Menschen innerhalb weniger Tage. Nach diesen Berechnungen hätten 2 von 6 durch entsprechende Schutzräume gerettet werden können.

Wenn nicht gerade im Explosionszentrum gelegen, bieten spezielle Räume einen vollständigen Schutz gegen die Druckwelle und die Wärmestrahlen, jedoch nur teilweise Schutz gegen die radioaktive Strahlung. Die folgende Tabelle zeigt den Schutz vor Gammastrahlung:

Ort	Schutzfaktor
im Freien	1
im Haus	3
einfacher Keller	10
Keller mit »Fallout-Schutz«	30
im Grundschutz	100
3-Atü-Druckbunker	1000

Da auch spezielle Schutzräume keinen vollständigen Schutz vor radioaktiver Strahlung geben, gilt als Regel, daß Menschen aus den Bunkern evtl. evakuiert werden, wenn die Strahlenbelastung durch den Aufenthalt höher wird als durch den Transport in ein unverstrahltes Gebiet. In jedem Bunker gibt es dafür spezielle Tabellen. Die höchstzulässige Dosis sollte dort nicht über 100 rem steigen und die maximale Aufenthaltsdauer nicht länger als 14 Tage betragen.

Im Zusammenhang mit diesen Maßnahmen, die theoretisch zunächst sinnvoll erscheinen, gibt es jedoch eine Reihe von Problemen.
1. Die politischen Auswirkungen.
Der Zivilschutz ist Teil der zivilen Verteidigung (Quelle und Erläuterung zum folgenden Schema: PFEIFFER 1983, 58 ff.).

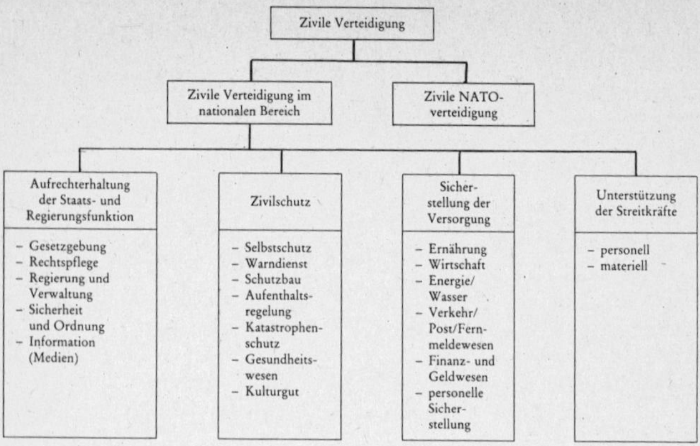

Der Zivilschutz ist aber auch Teil der Gesamtverteidigung. Im »Weißbuch zur Sicherheit der Bundesrepublik Deutschland und zur Entwicklung der Bundeswehr« heißt es (S. 6): »Die militärischen und die zivilen Verteidigungsanstrengungen der Bundesrepublik Deutschland sind die untrennbaren Teile der Gesamtverteidigung. Militärische Verteidigung im Rahmen der Nordatlantischen Allianz schützt Lebensordnung und Territorium der Bundesrepublik Deutschland gegen Bedrohung von außen« (Bundesminister für Verteidigung, 1979). Somit dient der Zivilschutz auch dazu, die Drohung mit Massenvernichtungswaffen der anderen Seite dadurch glaubhafter zu machen, daß man vorgibt, die eigene Bevölkerung sei vor einem Vergeltungs- oder Angriffsschlag gut geschützt. Plötzlich aktivierte Zivilschutzmaßnahmen können deshalb beim Gegner Angst auslösen und zu unvorhersehbaren Reaktionen führen. Durch umfangreiche Zivilschutzmaßnahmen könnten auch Politiker zu einer risikoreicheren Politik verleitet werden, während der Bevölkerung gleichzeitig eine trügerische Sicherheit eingeredet wird. Im Blick darauf sind folgende Probleme zu berücksichtigen:

2. Die Auswirkungen des elektromagnetischen Impulses (EMP).

Im Verteidigungsfall warnt ein Heulton von 1 Minute Dauer vor Luftangriffen. Jeder soll dann sofort einen Schutzraum aufsuchen und Rundfunkgeräte einschalten. Im Falle eines Atomangriffes muß jedoch damit gerechnet werden, daß das Rundfunkgerät durch den von der Explosion ausgehenden elektromagnetischen Impuls genauso zerstört ist, wie die Radiosender in der Nähe. Dieser Impuls führt außerdem zum Zusammenbruch der gesamten Stromversorgung. Mit großer Wahrscheinlichkeit kann auch kein weiteres Sirenensignal mehr abgegeben werden. Da Telefone und Funkgeräte nicht mehr funktionieren, ist von diesem Zeitpunkt ab an koordinierte Zivilschutzmaßnahmen nicht mehr zu denken.

3. Materielle und psychische Probleme in Schutzräumen.

Selbst wenn genügend Schutzräume zur Verfügung stünden, muß ihre Funktionstüchtigkeit bezweifelt werden:

- Können die Menschen die Schutzräume im Fall eines überraschenden Angriffes noch rechtzeitig erreichen?
- Sind die öffentlichen Schutzräume – meist Tiefgaragen – gerade frei?
- Sind für mindestens 14 Tage Wasser, Nahrung, Medikamente etc. vorhanden?
- Steht genügend Transportkapazität zur Verfügung, um evtl. nach einigen Tagen Tausende von Menschen aus verstrahltem Gebiet zu evakuieren?

– Gibt es Fahrer, die bereit sind, mehrmals in verstrahltes Gebiet hineinzufahren?
– Halten die Menschen die psychische Belastung in den Schutzräumen aus?

Besonders der letzte Punkt bedarf noch näherer Erläuterung. Beim vielgerühmten »Schweizer Modell« für den Schutzraumbau steht einem Insassen 1 qm Fläche zur Verfügung. Übungshalber mag das gehen, wenn sich einige Freiwillige einige Tage lang darin aufhalten, im Wissen, daß »draußen« alles in Ordnung ist und sie – nach der Übung – wie bisher weiterleben können. Im Ernstfall sieht das ganz anders aus. Die Notgemeinschaft setzt sich aus Jung und Alt, Männern und Frauen, Kindern und Säuglingen zusammen. Menschen, die sich verstehen und die nicht miteinander auskommen, müssen auf engstem Raume zusammenleben. Viele sind bedrückt und machen sich Sorgen um ihre Angehörigen, die es nicht mehr geschafft haben, rechtzeitig den Schutzraum zu erreichen. Keiner weiß, ob er, wenn er wieder hinaus kommt, genügend zum Essen und zum Trinken hat, um weiterleben zu können. Diesem psychischen Druck werden viele nicht über zwei bis drei Wochen lang standhalten. Schwere Depressionen, akute Erregungszustände, Mord und Totschlag sind wahrscheinlich. Viele werden den Schutzraum als »psychische Krüppel« verlassen.

Die folgende Abbildung veranschaulicht die Situation in einem Bunker, der allerdings nicht von Menschen »belegt« ist.

4. Die Zeit danach.

Ein atomarer Krieg unterscheidet sich grundsätzlich von den vergangenen Kriegen. Haben im 2. Weltkrieg Menschen im Bunker Luftangriffe überlebt, so konnten sie, wenn sie wieder ins Freie kamen, die Luft atmen, das Wasser trinken und die pflanzlichen und tierischen Nahrungsmittel genießen. Im Falle eines Atomkriegs erhebt sich dagegen die Frage, ob es noch Landstriche geben wird, in denen die radioaktive Verstrahlung und die Anreicherung mit radioaktiven Spaltprodukten in der Erde ein Weiterleben und den Anbau von Nahrung überhaupt erlaubt. Dies ist im dichtbesiedelten Mitteleuropa bereits nach der Explosion nur eines Bruchteils der hier lagernden Atomwaffen erheblich zu bezweifeln.

In den 50er Jahren führten die Amerikaner auf dem Bikini-Atoll im Pazifischen Ozean Atomwaffenversuche durch. In einem Bereich des Atolls war die Radioaktivität nach einigen Jahren auf ungefährliche Werte abgesunken. Es wurde versucht, die evakuierten Eingeborenen wieder anzusiedeln. Sie bauten als erstes Kokospalmen an. Der Boden war jedoch durch langlebige radioaktive Spaltprodukte noch derart verseucht, daß diese Partikel von den Pflanzen aus der Erde herausgezogen wurden und in die Früchte gelangten. Noch heute können sich die Eingeborenen nicht selbständig ernähren. Sie sind auf dauernden Import von Nahrungsmitteln angewiesen.

Diese und andere Erfahrungen machen es also wahrscheinlich, daß die Nahrungsversorgung zusammenbricht:

– Die Felder sind zum Teil verbrannt.

- Die Tiere sind verstrahlt und getötet (Zusammenbruch der Milch- und Fleischerzeugung).
- Das Saatgut ist geschädigt (Weizen und Gerste sind gegen radioaktive Strahlung besonders empfindlich).
- Die Infrastruktur ist zusammengebrochen. Es herrscht Treibstoffmangel. Düngemittel und Pestizide stehen nicht mehr zur Verfügung. Eventuell noch vorhandene Nahrungsmittel können nicht mehr verteilt werden.
- Durch die riesigen Brände gelangen große Mengen von Asche, Ruß und Teer in die Atmosphäre. Das Sonnenlicht ist reduziert, das Pflanzenwachstum vermindert.
- Explosionsartig vermehren sich die Pflanzenschädlinge, denn Insekten sind gegen radioaktive Strahlen besonders widerstandsfähig.

Der Zusammenbruch der Nahrungsversorgung führt zur Hungersnot. Die sozialen Normen, die bisher das Verhalten geleitet hatten, zerfallen. Die Folgen: Anarchie und Terror.

Durch die unzähligen Menschenleichen und Tierkadaver werden unbeherrschbare Seuchen ausbrechen. Treten schon bei vielen kleineren Katastrophen, wie z. B. bei den Erdbeben in der Türkei oder Italien, rasch Seuchenprobleme auf, so sind sie im Falle eines Atomkrieges nicht mehr einzudämmen. Typhus, Cholera, Pest etc. bedrohen die zunächst Überlebenden. Genügende Mengen an Medikamenten und Impfstoffen stehen nicht zur Verfügung.

Bereits aus den drei zuletzt skizzierten Problemen ergibt sich, daß ein Großteil der zunächst durch Zivilschutzmaßnahmen geretteten Menschen

- in der Panik umkommen
- verhungern
- von Seuchen dahingerafft werden
- oder durch die Aufnahme von verstrahltem Wasser und Nahrungsmitteln dahinsiechen, unfruchtbar werden oder geschädigte Kinder zur Welt bringen.

Das Leben wird nicht mehr lebenswert sein – oder doch? Hierzu eine Zivilschutzmaßnahme, die im Bundestag eine Anfrage ausgelöst hat.

Deutsche Apotheker-Zeitung

122. Jahrgang, Nr. 30, vom 29. 7. 1982

Öffentliche Ausschreibung

Beschaffungsstelle
des Bundesministers des Innern
Postfach 14 02 90
5300 Bonn 1
Öffentliche Ausschreibung
Für die
Sanitätsmaterialbevorratung für den Zivilschutz
werden

342 000 Diazepam 10 mg, Ampullen zu 2 ml
68 000 Droperidol 2,5 mg/ml, Ampullen zu 10 ml
103 000 Haloperidol 5 mg, Ampullen zu 1 ml
2 010 000 Diazepam 2 mg, Tabletten
50 340 Elektrolyt-Mannit-Lösung, Inf.-Flasche zu 500 ml
56 000 Elektrolyt-Lävulose-Lösung, Inf.-Flasche zu 500 ml
30 000 Hydroxyäthylstärke 6%, in 0,9%iger NaCl-Lösung, Inf.-Flasche zu 500 ml

öffentlich ausgeschrieben.
Die **Ausschreibungsunterlagen** können bei der Beschaffungsstelle des Bundesministers des Innern, Postfach 14 02 90, 5300 Bonn 1, **bis zum 15. Oktober 1982** angefordert werden.
Der Versand der Angebotsunterlagen erfolgt **bis zum 1. November 1982.**

Einreichungstermin für die Angebote: 23. November 1982.
Der Zuschlag wird erteilt bis 10. Dezember 1982. Bis zu diesem Zeitpunkt ist der Bewerber an sein Angebot gebunden.
Die Lieferung soll bis 1. August 1983 erfolgen.

Deutscher Bundestag **Drucksache 10/86**
10. Wahlperiode

18. 05. 83

Sachgebiet 212

Antwort

der Bundesregierung

auf die Kleine Anfrage der Abgeordneten Frau Dr. Hickel und der Fraktion DIE GRÜNEN – Drucksache 10/52 –

Ankauf von Psychopharmaka durch das Bundesministerium des Innern

Der Bundesminister des Innern – ZV 5 – 760 200 – 1/3 – hat mit Schreiben vom 18. Mai 1983 die Kleine Anfrage in Abstimmung mit dem Bundesminister für Jugend, Familie und Gesundheit namens der Bundesregierung wie folgt beantwortet:

1. Was geschieht mit den großen Mengen an stark dämpfend wirkenden Psychopharmaka (über 500 000 Ampullen und über 2 000 000 Tabletten), die das Bundesministerium des Innern im Juli 1982 zum Ankauf ausgeschrieben hat (Anzeige in der »Deutschen Apothekerzeitung«)?

Im Rahmen seiner humanitären Vorsorge für die Bevölkerung ist der Bund nach § 14 des Gesetzes über den Zivilschutz (BGBl. I 1976, S. 2109) verpflichtet, für Zivilschutzzwecke ausreichende Sanitätsmaterialvorräte anzulegen. Die Beschaffung der in der »Deutschen Apothekerzeitung« im Juli 1982 zum Ankauf ausgeschriebenen Präparate dient ausschließlich der Erfüllung dieser gesetzlichen Verpflichtung.

2. Zu welchem Zwecke werden sie eingelagert?

Die Einlagerung der genannten Präparate erfolgt zu dem Zweck, in einem Katastrophen- oder Verteidigungsfall die für die Behandlung von Schwerverletzten erforderlichen Arzneimittel verfügbar zu haben.

3. Ist die Einlagerung dieser Psychopharmaka ein Vorgriff auf das Gesundheitssicherstellungsgesetz?

Nein.

4. Sollen diese Psychopharmaka im Kriegsfalle zur Ruhigstellung sogenannter Panikpatienten dienen?

Die in Rede stehenden Präparate sind in erster Linie für die Narkosevorbereitung und zur Schmerzbekämpfung bei einem Massenanfall von Schwerverletzten vorgesehen. Nur in einem ganz geringen Umfang dienen sie – wie auch in normalen Zeiten – der Behandlung von Patienten, deren Krankheitsbild befürchten läßt, daß sie sich oder andere Personen gefährden könnten.

Ausgewählt sind diese Medikamente von Mitgliedern der Schutzkommission beim Bundesministerium des Innern, einem Gremium, dem namhafte und durch ihre wissenschaftlichen Arbeiten als Experten ausgewiesene Hochschullehrer der Medizin und der Pharmakologie angehören.

5. Wie stellt die zentrale Beschaffungsstelle des Bundesministeriums des Innern die Einhaltung der Rechtsvorschriften nach §§ 47 und 48 des Arzneimittelgesetzes (Verschreibungspflicht) sicher?

Die zentrale Beschaffung von Arzneimitteln durch die Beschaffungsstelle des Bundesministers des Innern steht unter der fachlichen Leitung eines Apothekers. Im Bedarfsfall werden die bevorrateten Arzneimittel nur auf besondere Weisung an solche Bedarfsträger (Krankenhäuser, Hilfskrankenhäuser) abgegeben, die von den für das Gesundheitswesen zuständigen obersten Landesbehörden als anforderungsberechtigte Stellen benannt sind. Ihre Anwendung erfolgt unter ärztlicher Überwachung.

Die im Verkehr mit Arzneimitteln zum Schutz des Menschen gebotene Sicherheit, der die angezogenen Vorschriften des Arzneimittelgesetzes dienen, ist hiernach in vollem Umfang gewährleistet.

Gesetzgebung zur Katastrophenmedizin

Wir nehmen als Beispiel den »Entwurf eines Gesetzes über die gesundheitliche Versorgung im Rahmen des Zivilschutzes *(Gesundheitsschutzgesetz – GesG 1982)*« vom 10. 3. 1982, den die Fraktion der CDU/CSU damals dem Deutschen Bundestag während der 9. Wahlperiode vorgelegt hatte (*Deutscher Bundestag 1982*). Die folgenden Zitate sind diesem Entwurf entnommen.

Der Bundestag hat sich mehrfach mit Gesetzentwürfen beschäftigt, nach denen die ärztliche Versorgung, wie das Sanitäts- und Gesundheitswesen insgesamt, als *»Sondergebiet«* der Zivilverteidigung betrachtet wird. Da die Zivilverteidigung nach geltendem Recht Teil der Gesamtverteidigung ist, so gehört auch das Gesundheitswesen zur Gesamtverteidigung. Es geht also um *»Anpassung«* des Gesundheitswesens an den sogenannten Verteidigungsfall (§ 3). Dazu stellen die zuständigen Behörden *»bereits im Frieden die für die gesundheitliche Versorgung im Verteidigungsfall notwendigen Aufnahme- und Behandlungskapazitäten«* fest. Das heißt, alle vorhandenen stationären und ambulanten Versorgungseinrichtungen werden zwangsweise erfaßt. Dazu zählen auch die Personen, die in einem Gesundheitsberuf ausgebildet oder tätig sind bzw. tätig waren. Es besteht Meldepflicht.

»Dabei können die friedensmäßigen Aufgaben vorhandener Einrichtungen« und – so ist zu ergänzen – die friedensmäßigen Aufgaben von Menschen mit einem Gesundheitsberuf *»für den Verteidigungsfall eingeschränkt, umgewandelt oder völlig untersagt«* werden (§ 4). Alle *»natürlichen und juristischen Personen, ... die unmittelbar oder mittelbar zur gesundheitlichen Versorgung beitragen können, haben ... an den friedensmäßigen Vorbereitungen«* für die gesundheitliche Betreuung im Verteidigungsfall mitzuwirken (§ 1).

Ärztekammern und Universitäten sollen – gesetzlich verpflichtet – die spezielle Fortbildung für akademische Heilberufe, die Ärzte also, in Katastrophenmedizin sicherstellen. Bei dieser Vorbereitung des Gesundheitswesens auf den Kriegsfall arbeiten die Zivilbehörden und die Dienststellen des Territorialheeres zusammen (§ 15). Die Grundrechte der Freizügigkeit und der Unverletzlichkeit der Wohnung (Art. 11 und 13 GG) werden eingeschränkt.

Zusammengefaßt heißt das:

- Jeder Arzt nimmt, ob er es weiß oder nicht, ob er sich Rechenschaft darüber ablegt oder nicht, an den Vorbereitungen auf einen atomaren Krieg teil.
- Und: jeder Arzt wird häufig gegen besseres Wissen gezwungen, so zu tun, als könnte er im Falle eines Atomkriegs helfen.

Um unsere Haltung gegenüber der Gesetzgebung zur Katastrophenmedizin weiter zu erläutern, sind ein paar erklärende Bemerkungen zu den Begriffen *»Notfallmedizin«*, *»Katastrophenmedizin«* und *»Kriegsmedizin«* nötig.

»Notfallmedizin« ist Individualmedizin. Sie konzentriert sich auf die Behandlung jedes einzelnen Verletzten und Kranken. Der Arzt informiert sich über Art und Schweregrad der Verletzung oder Krankheit und behandelt dann vorrangig die am schwersten Betroffenen. Er kann davon ausgehen, daß ausreichend medizinische Versorgungseinrichtungen für alle Verletzten und Kranken zur Verfügung stehen.

»Katastrophenmedizin« ist Massenmedizin. Sie wird dann praktiziert, wenn die medizinischen Möglichkeiten nicht ausreichen, um alle Verletzten und Kranken ihrem Bedarf entsprechend zu versorgen. Ihr Ziel ist es, möglichst vielen Betroffenen das Überleben zu ermöglichen, ohne Rücksicht auf Art und Umfang der Behandlungsnotwendigkeit für jeden einzelnen. Der Arzt muß nach bestimmten Richtlinien aussortieren, sichten; er muß die »Triage« durchführen *(»Triage« = französisch »Sichten«, »Aussortieren«).*
Die Triage wurde in der Kriegschirurgie entwickelt. Sie läuft schematisch nach 4 Dringlichkeitsstufen der Behandlung und des Transports ab.

Stufe 1: Menschen in akuter Erstickungsgefahr, mit akutem Kreislaufstillstand, massiver äußerer Blutung oder im Schock usw. müssen sofort behandelt werden.

Stufe 2: Menschen mit offenen Knochenbrüchen bei Verblutungsanzeichen, mit Brustkorbverletzungen, Verletzungen der Harn- und Geschlechtsorgane, mit Rückenmarkverletzungen, Schädel-Hirnverletzungen und Zeichen des Hirndrucks usw. müssen frühzeitig behandelt werden und müssen daher zuallererst dorthin transportiert werden, wo entsprechende Behandlungsmöglichkeiten existieren.

Stufe 3: Menschen mit Weichteilwunden, geschlossenen Knochenbrüchen, leichteren Schädel-Hirnverletzungen usw. werden als Leichtverletzte eingestuft und brauchen zunächst keine ärztliche Behandlung bzw. sie können ambulant behandelt werden.

Stufe 4: Menschen, die schwerstens verletzt sind, deren Zustand anscheinend keine Hoffnung auf Überleben erkennen läßt, die im Sterben liegen. Sie erhalten außer Schmerzlinderung keine ärztliche Behandlung, evtl. seelsorgerliche Zuwendung (vgl. hierzu GANZONI 1981; HELL 1982; KOSLOWSKI 1982, 39 ff.; UHLENBROCK 1983; 125 ff.).

Triage – Entscheid wird beeinflußt durch:

- Art der Verletzung/Krankheit
- Allgemein- und Ernährungszustand
- Nebenerkrankungen und Risikofaktoren
- Prognose (Alter des Patienten)
- Anzahl der Patienten
- Behandlungsmöglichkeiten
  (Anzahl und Qualifikation der Ärzte + Hilfspersonal, Räumlichkeiten, Materialreserven, Medikamente, Zeitbedarf usw.)
- Nachschub und Transportmöglichkeiten
  (Verlegung in benachbarte Spitäler)
- Wetter und Klima
  (Hitzeschäden, Unterkühlung)
- Entwicklung der Katastrophenlage
  (Erwartete Hilfe von außen, Wiederherstellung der Transportwege, Beendigung der Bedrohung durch Krieg, Überschwemmung, Lawinen u. a.)

Entscheide: Triage

- Erste Dringlichkeit = Sofortiger Behandlungszwang
- Zweite Dringlichkeit = Frühbehandlung notwendig (eventuell Transportpriorität)
- Dritte Dringlichkeit = Verzögerte Behandlung möglich
- Hoffnungslose = Keine Behandlung
- Leichtverletzte = Selbstbehandlung

Der Krieg stellt den größten Katastrophenfall dar, ist doch die Katastrophensituation dann von unbestimmter Dauer und nicht örtlich begrenzt, womit Hilfe von außen nicht zu erwarten ist. Hier sind manchmal harte Triage-Entscheidungen notwendig, speziell bei nuklearer oder chemischer Kriegsführung. Hoffen wir deshalb, daß wir mit diesem Katastrophenfall nie konfrontiert werden, aber bereiten wir uns auf alle Fälle vor.

K. HELL, 1981, S. 84.

Katastrophenmedizinische Grundsätze sollen zur Anwendung kommen:

Katastrophenkatalog

1. Naturkatastrophen
   (Erdbeben, Hochwasser, Feuer, Orkane etc.)

2. Durch den Menschen verursachte Katastrophen

   a) Kriege mit konventionellen, nuklearen, mikrobiologischen, chemischen Waffen

   b) Zivilisationskatastrophen
      – Verkehr
      – Industrie
      – Großbrände

3. Sekundärkatastrophen
   – Hungersnöte
   – Seuchen

F. W. AHNEFELD in: Katastrophenmedizin 1981, S. 18.

»Kriegsmedizin« umfaßt die ärztlichen Handlungen von Sanitätsärzten an Soldaten im Kriegsfall. Dabei sind nicht nur rein ärztliche Gesichtspunkte maßgebend, sondern auch die militärtaktische Lage und andere militärische Erfordernisse. Kriegsmedizin ist Massenmedizin und verfährt nach dem Triage-Schema.

Die Gesichtspunkte der Katastrophenmedizin als Massenmedizin sind also maßgebend

- zur Vorbereitung auf die gesundheitlichen Folgen eines Krieges für die Angehörigen der kämpfenden Streitkräfte;
- zur Vorbereitung auf die gesundheitlichen Folgen eines Krieges für die Zivilbevölkerung im Rahmen des Zivilschutzes;
- zur Vorbereitung auf die gesundheitlichen Folgen *»ziviler«* Katastrophen im Rahmen des Katstrophenschutzes.

Artikel 35, Abs. 2 und Art. 73 des Grundgesetzes der BRD unterscheiden zwischen Zivilschutz und Katastrophenschutz, d. h. sie trennen die Vorbereitung des Gesundheitswesens von den Folgen von zivilen und Kriegskatastrophen. Das Gesetz über die »Erweiterung des Katastrophenschutzes« vom 9. 7. 1968 – ein Folgegesetz zum Notstandsgesetz – hebt diese Trennung auf: *»Die Einheiten und Einrichtungen des Katastrophenschutzes nehmen ihre Aufgaben auch hinsichtlich der besonderen Gefahren und Schäden wahr, die im Verteidigungsfall drohen«*. Der Entwurf zum Gesundheitsschutzgesetz vom 10. 2. 1982 hebt diese Trennung zwischen Zivilschutz im Kriegsfall und Schutz im Fall ziviler Katastrophen auch für den Fall eines atomaren Krieges auf. Es ist also ein Instrument, das Gesundheitswesen und damit die Ärzte auf einen atomaren Krieg vorzubereiten.

Wir halten dagegen:
- Kein Gesundheitswesen ist in der Lage, die Folgen eines atomaren Krieges medizinisch zu bewältigen oder auch nur in einem nennenswerten Umfang zu mildern.
- Die Bevölkerung ist darüber aufzuklären, daß keine noch so gut organisierte Katastrophenmedizin in einem Atomkrieg etwas ausrichten kann. Verordnungen und Gesetze dienen keinem anderen Zweck, als zu suggerieren, die Verantwortlichen seien in der Lage, für den Schutz der Bevölkerung zu sorgen.
- Wir lehnen einen gesetzlichen Zwang zu Fortbildungskursen in Katastrophenmedizin ab, nicht, weil wir nicht helfen wollen, sondern weil wir uns weigern, an den organisatorischen und psychologischen Vorbereitungen eines Krieges beteiligt zu werden. Aus ethischen Gründen können wir es nicht zulassen, daß das Wissen und die Fähigkeiten der Ärzte zum Teil einer gefährlichen Sicherheitspolitik gemacht werden*.

---

*) Obwohl wir im Falle ziviler Katastrophen grundsätzlich auf den Prinzipien der Individualmedizin bestehen, halten wir bei Massenanfällen von Kranken und Verletzten Gesichtspunkte der Massenmedizin einschl. der Triage dann für ethisch begründet, wenn eindeutig ein schwerwiegendes Mißverhältnis besteht zwischen Bedarf und Möglichkeiten ärztlicher Hilfe. Allerdings gibt es in Europa nach dem 2. Weltkrieg kein Beispiel einer zivilen Katastrophe – auch der Bombenanschlag auf dem Münchener Oktoberfest am 26. 9. 1980 ist keines –, da bei der ärztlichen Versorgung katastrophenmedizinische Kriterien angewendet werden mußten.

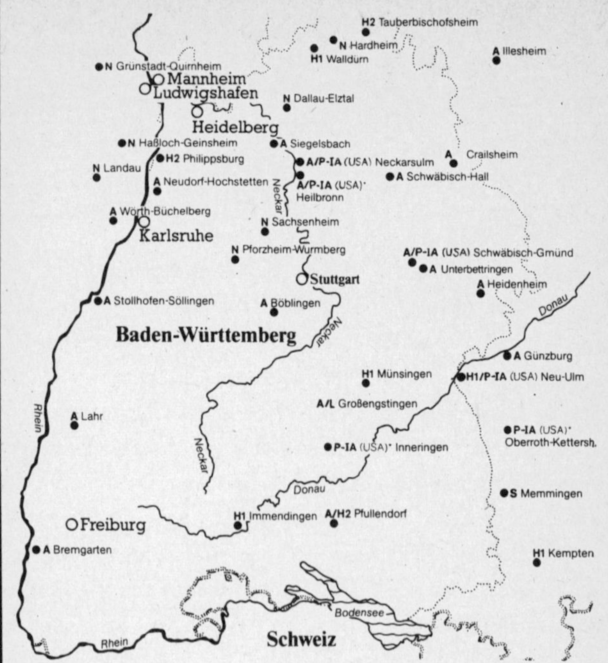

Depots A
Lager für Atomsprengköpfe

Atomwaffen-Trägersysteme (mobil)

H 1
Haubitzen (Selbstfahrlafetten) vom Kaliber 155 mm; Reichweite: ca. 20 Kilometer, geeignet für Atomsprengköpfe

H 2
Haubitzen (Selbstfahrlafetten) vom Kaliber 203,2 mm; Reichweite: ca. 20 Kilometer, geeignet für Atom- und Neutronensprengköpfe

L
Lance-Raketen; Reichweite: ca. 120 Kilometer, für Atom- und Neutronensprengköpfe

P-IA (USA)
Pershing-IA-Raketen der US Army; Reichweite: ca. 720 Kilometer, für Atomsprengköpfe

P-IA (BRD)
Pershing-IA-Raketen der Bundes-Luftwaffe; Reichweite: ca. 720 Kilometer, für Atomsprengköpfe

Trägersysteme mit Atomsprengköpfen, davon ein Teil immer in ständiger Einsatzbereitschaft (Quick Reaction Alert)

N
Nike-Herkules-Raketen; Reichweite: ca. 150 Kilometer, für konventionelle und atomare Sprengköpfe; geplant: Ersatz durch konventionelle, mobile Patriot-Raketen

P-IA (USA)
Quick-Reaction-Alert-Stellung für Pershing-IA-Raketen der US Army; geplant: Ersatz durch Pershing-II-Raketen

P-IA (BRD)
Quick-Reaction-Alert-Stellung für Pershing-IA-Raketen der Bundesluftwaffe; geplant: Ersatz durch Pershing-II-Raketen

S
Militärflugplatz mit „Strike"-Staffeln der Luftwaffe (atomar bestückte Kampfflugzeuge und Depot für Atomsprengköpfe)

Ärztebewegung und politische Verantwortung

Für uns, die Ärzte der Bundesrepublik Deutschland, war der NATO-Doppelbeschluß – atomare Nachrüstung und gleichzeitig Verhandlungen über atomare Abrüstung – vom 12. 12. 1979 von entscheidender Bedeutung.
Die bisherige Praxis unserer Berufsausübung und die traditionellen ethischen Grundlagen unseres Handelns waren damit in Frage gestellt. Was viele Ärzte sicher seit langem bewegte, erhielt nun eine zusätzliche Brisanz. Dem Problem *»Was kann ich im Falle eines Atomkriegs noch tun?«* konnte nicht mehr ausgewichen werden. Zwangsläufig ergab sich daraus die Frage: *»Was muß ich vorher tun?«*

Antworten auf diese Fragen entzweien bis heute die ärztlichen Standesorganisationen und viele ihrer Mitglieder. Über diese Diskussionen erfuhr die Öffentlichkeit lange nichts. Anfang September 1981 entschloß sich eine große Zahl von Ärzten, ihren Aufruf *»Ärzte warnen vor einem Atomkrieg«* in den großen Tageszeitungen und auch im Deutschen Ärzteblatt zu publizieren. Sie erklärten, daß die Folgen eines Atomkriegs von Ärzten in keinem Falle zu bewältigen seien und daß die einzige Chance und die wichtigste Aufgabe der Ärzte darin bestehe, an der Verhinderung eines Atomkriegs mitzuwirken, also: nicht kurative (heilende), sondern allein und

ausschließlich eine präventive (vorsorgende) Medizin sei noch zu vertreten.
Die zahlreichen Ärztebewegungen zur Verhinderung eines Atomkriegs haben eine 20jährige Geschichte. Das Planspiel eines Atomangriffs auf Boston brachte bereits 1962 eine Gruppe amerikanischer Ärzte (*»Ärzte für soziale Verantwortung«*) zu der Schlußfolgerung, daß bei einer derartigen Katastrophe noch nicht einmal die elementarsten Wundversorgungen ausgeführt werden könnten. Die Verwundeten, Strahlenkranken, Sterbenden gingen in die Millionen. Ebenso verheerende Folgen – besonders die Langzeitschäden bei der Entwicklung des Gesundheitszustandes, der Ernährung und des Klimas – ermittelte eine mit hohem wissenschaftlichem Aufwand durchgeführte Studie, die der Ausschuß für Wissenschaft und Erziehung der traditionsreichen Ärzteorganisation BRITISH MEDICAL ASSOCIATION im Frühjahr 1983 veröffentlichte.
1981 wurde die IPPNW *(International Physicians for the Prevention of Nuclear War; Internationale Ärzte für die Verhütung eines Atomkriegs)* gegründet, eine Ärztorganisation auf internationaler Ebene. Inzwischen gehören ihr über 70 000 Mitglieder an. Initiator war der amerikanische Kinderherzspezialist Lown, Professor an der Harvard Medical School in Boston. Die IPPNW hat seither drei Kongresse veranstaltet, in den Vereinigten Staaten, in Großbritannien und in Holland, die auf viel Resonanz stießen. Ärzte aus fast allen NATO-Ländern und aus den Warschauer-Pakt-Staaten lehnten gemeinsam in Resolutionen den Einsatz von Atomwaffen ab. Im Frühjahr 1982 wurde in Frankfurt eine deutsche Sektion der IPPNW gegründet. Über 6000 Ärzte unterstützen diese Organisation mittlerweile.

FRANKFURTER ERKLÄRUNG

Die Gründungsmitglieder der Sektion Bundesrepublik Deutschland, der IPPNW, 19. Februar 1982

Ich halte alle Maßnahmen und Vorkehrungen für gefährlich, die auf das Verhalten im Kriegsfall vorbereiten sollen. Ich lehne deshalb als Arzt jede Schulung oder Fortbildung in Kriegsmedizin ab und werde mich daran nicht beteiligen. Das ändert nichts an meiner Verpflichtung und Bereitschaft, in allen Notfällen medizinischer Art meine Hilfe zur Verfügung zu stellen und auch weiterhin meine Kenntnisse in der Notfallmedizin zu verbessern.

Da ein Krieg in Europa nach überwiegender Expertenmeinung unter Benutzung der modernen Massenvernichtungswaffen geführt werden würde, muß er absolut unmöglich gemacht werden. Jede Vorbereitungsmaßnahme indessen, die von seiner Möglichkeit ausgeht, fördert indirekt die Bereitschaft, sich auf etwas einzustellen, was um jeden Preis verhindert werden muß. Deshalb erkenne ich als Arzt nur eine einzige auf den Kriegsfall bezogene Form der Prävention an, nämlich die Verhütung des Krieges selbst mit allen Anstrengungen, zu denen ich mein Teil beizusteuern entschlossen bin.

RESOLUTION

In Übereinstimmung mit dem Appell der »International Physicians for the Prevention of Nuclear War« (IPPNW) erklären wir:
Niemand sollte der atomaren Drohung gleichgültig gegenüberstehen. Sie schwebt über Hunderten von Millionen Menschen. Als Ärzte, die sich dieser Gefahr bewußt sind, müssen wir die höchste Aufgabe präventiver Medizin ausführen – die Verhinderung der größten Katastrophe der Menschheitsgeschichte.

Für ein wesentliches Element der durch Mediziner zu leistenden Prävention eines Atomkrieges halten wir es, daß ein Umdenken in Richtung auf den Abbau von Feindbildern und auf eine gegenseitige Vertrauensbildung zwischen den Völkern in Ost und West einsetzt. Da die Konsequenzen eines Atomkrieges alle Völker treffen können, treten wir für die rückhaltlose Aufklärung der Bevölkerung über die Folgen von atomaren Waffen und atomaren Kriegen ein. Wir sind der Meinung, daß die Sicherheitskonzeptionen in Ost und West, die mit dem Mord an ganzen Völkern drohen, letztlich keine Sicherheit bringen. Wir fordern deshalb, keine Installation weiterer Atomwaffen in Ost und West, sondern ihre Abrüstung.

Sprecherrat der Sektion Bundesrepublik Deutschland der IPPNW, Frankfurt, I/1983

Die Ulmer Ärzteinitiative versucht auf regionaler Ebene, die Ziele der IPPNW zu verwirklichen. In Übereinstimmung mit der IPPNW erklärt auch sie die Verhinderung eines Atomkriegs zur höchsten Aufgabe der vorbeugenden Medizin. Sie beruft sich dabei auf die ethischen Grundlagen ärztlicher Berufsausübung. Den Schutz des menschlichen Lebens stellen wir höher als alle politischen und weltanschaulichen Gegensätze.
Die Ulmer Ärzteinitiative anerkennt ausdrücklich das ethische Prinzip, wonach Ärzte unbedingt und in *jeder* Katastrophe Hilfe leisten. Ebenso anerkennt sie uneingeschränkt die Notwendigkeit verstärkter Fortbildung für Notfallmedizin.

Um die Grundprinzipien ärztlicher Ethik aber angesichts der atomaren Bedrohung zu schützen, setzt sich die Ulmer Ärzteinitiative für die politische Vorsorge gegen einen atomaren Krieg ein. Deshalb wird eine gesetzlich angeordnete Zwangsfortbildung in Katastrophenmedizin abgelehnt. Ausschlaggebend für diese Haltung ist unser Wissen, daß das Gesundheitswesen den Folgen eines Atomkrieges ohnmächtig gegenüberstehen wird. Mit dieser demonstrativen Ablehnung protestieren wir gegen eine Politik, welche

- die Katastrophe einer Auseinandersetzung mit atomaren Waffen in Kauf nimmt,
- den ärztlichen Sicherstellungsauftrag zwangsweise in ihren Dienst zu stellen beabsichtigt,
- die Bevölkerung über Art und Ausmaß der Folgen einer solchen Katastrophe für Leben und Gesundheit sowie über die Chancen medizinischer Behandlungsmöglichkeiten im Unklaren läßt.

Im Rahmen unseres aktiven Einsatzes zur Verhinderung eines atomaren Krieges halten wir es für unsere Pflicht, die Bevölkerung rückhaltlos über die Konsequenzen einer atomaren Kriegskatastrophe zu informieren:

- über das Ausmaß und die Art des Sterbens,
- über die Schädigungen von Leben und Gesundheit,
- über die Möglichkeiten des Schutzes,
- über die Möglichkeiten und Chancen medizinischer Behandlung.

Damit soll der Bürger nicht nur als Patient, sondern vor allem auch als Partner des Arztes ernst genommen werden. Gemeinsam müssen wir uns bemühen, Leben und Gesundheit zu schützen, die angesichts atomarer Kriegsbedrohung ausschließlich noch durch Vorsorge, d. h. in diesem Fall durch politische Vorsorge, zu erhalten sind.

Literaturhinweise

Ahnefeld, F. W.: Grundsätzliche Fragen zur Katastrophenmedizin. In: Bezirksärztekammer Südwürttemberg (Ed.): Katastrophenmedizin. Schriftenreihe der Bezirksärztekammer Südwürttemberg, Bd. 1, S. 18, Tübingen 1981.

Ahnefeld, F. W., H. U. Haug: Notfallmedizin 2, 4 (1976) 222–226. Die Erstversorgung von Verbrennungen.

Ärztekammer Niedersachsen (Ed.): Wegweiser. Medizinische Katastrophenhilfe. Hannover 1982.

Ärzte-Initiativen und Kollegen (Eds.): Rundbrief »Ärzte warnen vor dem Atomkrieg«. Nr. 1 (März 1982) – Nr. 5 (April 1983) Hamburger Ärzteinitiative; Nr. 6 (Juni 1983), Nr. 7 (Sept. 1983) Berliner Ärzteinitiative gegen Atomenergie.

Albrecht, U.: Kündigt den Nachrüstungsbeschluß! Fischer, Frankfurt/M. 1982.

Arkin, W. M., F. v. Hippel, B. G. Levi: Spektrum der Wissenschaft, März 1983, 18–27. Kollektiver Selbstmord? Atomkrieg in Deutschland.

Arnold, R., S. F. Goldmann, H. Heimpel, B. Kubanek: Therapiewoche 32 (1982) 3699–3704. Allogene Knochenmarktransplantation bei Patienten mit akuter Leukämie.

Bastian, T.: »Katastrophenmedizin« oder die Endlösung der Menschheitsfrage. Oberbaum Verlag, Berlin 1982.

Bayrische Ärztinnen und Ärzte gegen Atomenergie,
Berliner Ärzteintiative gegen Atomenergie,
Hamburger Ärzteinitiative gegen Atomenergie (Eds.): Die Überlebenden werden die Toten beneiden. Ärzte warnen vor dem Atomkrieg. Materialien des Hamburger »Medizinischen Kongresses zur Verhinderung des Atomkriegs«, 19./20. 9. 1981. Pahl-Rugenstein, Köln 1982.

Bayrische Landesärztekammer und Kassenärztliche Vereinigung Bayerns (Eds.): Katastrophenmedizin 1981. Schriftenreihe der Bayrischen Landesärztekammer, München 1982.

Begemann, H., H. Theml: Der Arzt und der Friede. In: Berliner Ärzteinitiative gegen Atomenergie (Ed.): Ärzte warnen vor dem Atomkrieg. Beiträge und Materialien zum 2. Medizinischen Kongreß zur Verhinderung eines Atomkrieges, S. 26–33, Berlin 1982.

Berliner Ärzteinitiative gegen Atomenergie (Ed.): Ärzte warnen vor dem Atomkrieg. Beiträge und Materialien zum 2. Medizinischen Kongreß zur Verhinderung eines Atomkrieges. Berlin 1982.

Berliner Ärzteinitiative gegen Atomenergie (Ed.): Medizin und Atomkrieg – hilflos? Verlagsgesellschaft Gesundheit mbH., Berlin 1983.

Bezirksärztekammer Südwürttemberg (Ed.): Katastrophenmedizin. Schriftenreihe der Bezirksärztekammer Südwürttemberg, Tübingen 1981.

Bieniek, W.: Gesundheitsschutzgesetz. In: Berliner Ärzteinitiative gegen Atomenergie (Ed.): Ärzte warnen vor dem Atomkrieg. Beiträge und Materialien zum 2. Medizinischen Kongreß zur Verhinderung eines Atomkrieges, S. 37 f., Berlin 1982.

British Medical Association (Board of Science and Education) (Ed.): The Medical Effects of Nuclear War. John Wiley & Sons. Chichester, New York, Brisbane, Toronto, Singapore 1983.

Bundesminister des Innern (Ed.): Katastrophenmedizin. Leitfaden für die ärztliche Versorgung im Katastrophenfall. 2. Aufl., Bonn 1982.

Bundesminister für Jugend, Familie und Gesundheit: Referentenentwurf eines Gesetzes zur Anpassung des Gesundheitswesens an besondere Anforderungen des Verteidigungsfalles – Gesundheitssicherstellungsgesetz (GesSG) – vom 31. 5. 1980.

Bundesminister für Verteidigung (Ed.): Weißbuch zur Sicherheit der Bundesrepublik Deutschland und zur Entwicklung der Bundeswehr, Bonn 1979.

Caldicott, H.: Zu den medizinischen und biologischen Wirkungen der atomaren Waffen. In: Hamburger Ärzteinitiative gegen Atomenergie

(Ed.): Ärzte warnen vor dem Atomkrieg. Die Überlebenden werden die Toten beneiden, S. 7–10, Hamburg 1981.

Deutscher Bundestag: Drucksache 9/1448 vom 10. 3. 1982. Entwurf eines Gesetzes über die gesundheitlche Versorgung im Rahmen des Zivilschutzes (Gesundheitsschutzgesetz – GesG 1982).

Deutsche Gesellschaft für soziale Psychiatrie (DGSP) (Ed.): Panikpersonen sofort eliminieren! Wunstorf 1983.

Die UNO-Studie Kernwaffen. Vollständiger Bericht des Generalsekretärs der Vereinten Nationen. C. H. Beck, München 1982.

Dohmen, A.: Deutsches Ärzteblatt 80 (1983) 41–48, Heft 1/2. Probleme der medizinischen Versorgung bei nuklearen Katastrophen.

Fetter, S., K. Tsipis: Spektrum der Wissenschaft, Juni 1981, 131–137. Nukleare Katastrophen: ein Vergleich.

Ganzoni, N.: Triage. In: Bezirksärztekammer Südwürttemberg (Ed.): Katastrophenmedizin, S. 29–36. Schriftenreihe der Bezirksärztekammer Südwürttemberg Bd. 1, Tübingen 1981.

Goldmann, S. F.: Klinische Pädiatrie 193 (1981) 266–271. Humane Leukozyten-Antigene (HLA) und Knochenmark-Transplantation (KMT).

Hamburger Ärzteinitiative gegen Atomenergie (Ed.): Ärzte warnen vor dem Atomkrieg. Die Überlebenden werden die Toten beneiden. Hamburg 1981.

Hell, K.: Die Bedeutung der Triage. In: Bayrische Landesärztekammer und Kassenärztliche Vereinigung Bayerns (Eds.): Katastrophenmedizin 1981, S. 81–84. Schriftenreihe der Bayrischen Landesärztekammer, München 1982.

Kennan, G. F.: Im Schatten der Atombombe. Eine Analyse der amerikanisch-sowjetischen Beziehungen von 1947 bis heute. Kiepenheuer & Witsch, Köln 1982.

Koslowski, L.: Chirurgische Maßnahmen im Katastrophenfall. In: Bundesminister des Innern (Ed.): Katastrophenmedizin, S. 39–46. 2. Aufl., Bonn 1982.

Kowerk, H.: Darstellung der Funktion der Wehrpsychiatrie in bezug auf Katastrophenmedizin und Gesundheitssicherstellungsgesetz. In: Hamburger Ärzteinitiative gegen Atomenergie (Ed.): Ärzte warnen vor dem Atomkrieg. Die Überlebenden werden die Toten beneiden, S. 50–55, Hamburg 1981.

La Rocque, G.: Wie ein Atomkrieg in Europa ausgetragen würde. In: Hamburger Ärzteinitiative gegen Atomenergie (Ed.): Ärzte warnen vor dem Atomkrieg. Die Überlebenden werden die Toten beneiden, S. 32 f., Hamburg 1981.

Lewis, K.: Die kurz- und langfristigen Folgen von Kernwaffen-Explosionen. In: Hamburger Ärzteinitiative gegen Atomenerige (Ed.): Ärzte warnen vor dem Atomkrieg. Die Überlebenden werden die Toten beneiden, S. 11–24, , Hamburg 1981.

Linden, W. A.: Unmittelbare Wirkungen von Atomwaffen und Probleme medizinischer Versorgung. In: Hamburger Ärzteinitiative gegen Atomenergie (Ed.): Ärzte warnen vor dem Atomkrieg. Die Überlebenden werden die Toten beneiden, S. 36, Hamburg 1981.

Mechtersheimer, A., P. Barth (Eds.): Den Atomkrieg führbar und gewinnbar machen? Dokumente zur Nachrüstung, Bd. 2. rororo aktuell, Reinbek 1983.

Messerschmidt, O.: Auswirkungen atomarer Detonationen auf den Menschen. Ärztlicher Bericht über Hiroshima, Nagasaki und den Bikini-Fall-out. Verlag Karl Thiemig, München 1960. Hieraus wurden auch einige Fotos entnommen.

Messerschmidt, O.: Kernwaffenschäden und ihre Behandlung. In: Rebentisch, E. (Ed.): Wehrmedizin. Ein kurzes Handbuch mit Beiträgen zur Katastrophenmedizin, S. 217–244. Urban & Schwarzenberg, München, Wien, Baltimore 1980.

Militärpolitik Dokumentation (Ed.): Atomkriegsfolgen. Bearbeiter: J. Rodejohann. Heft 16, 2. Aufl. Haag und Herchen, Frankfurt/M. 1982.

Niethammer, D.: Klinische Pädiatrie 193 (1981) 272–278. Knochenmarktransplantation – Probleme, Indikationen, Vorgehen.

Overbeck, A.: Psychosozial 15, 5 (1982) 52–71. Krieg – Gewalt – Tod. Zur Sozialpsychologie und Anthropologie des Kriegswunsches.

Parin, P.: Psychosozial 15, 5 (1982) 39–42. Bemerkungen zum Beitrag von H.-E. Richter: »Psychoanalytische Aspekte der Friedensfähigkeit«.

Pfau, A.: Kriegsfolgen und Kriegsverhütung. hrsg. von C. F. v. Weizsäcker, München 1971.

Pfeiffer, R.: Aufrüstung, Zivilschutz und Gesundheitswesen. In: D. Uhlenbrock (Ed.): Mobilmachung für die Heimatfront, S. 56–76. Pahl-Rugenstein, Köln 1983.

Pfeiffer, R., W. Stratmann: Gesundheitssicherstellungsgesetz (GesSG). In: Hamburger Ärzteinitiative gegen Atomenergie (Ed.): Ärzte warnen vor dem Atomkrieg. Die Überlebenden werden die Toten beneiden, S. 47 ff., Hamburg 1981.

Richter, H.-E.: Sind wir zum Frieden fähig? In: Hamburger Ärzteinitiative gegen Atomenergie (Ed.): Ärzte warnen vor dem Atomkrieg. Die Überlebenden werden die Toten beneiden, S. 56–61, Hamburg 1981.

Richter, H.-E.: Psychologische Wirkungen der Atomkriegsdrohung. In: Berliner Ärzte gegen Atomkrieg (Eds.): Ärzte warnen vor dem Atomkrieg: Im Ernstfall hilflos. Beiträge und Materialien zum 2. Medizinischen Kongreß zur Verhinderung eines Atomkrieges, S. 62–65, Berlin 1982.

Richter, H.-E.: Psychosozial 15, 5 (1982) 19–38. Psychoanalytische Aspekte der Friedensfähigkeit.

Richter, H.-E.: Psychosoziale Medizin und Prävention von Militarisierungsbereitschaft. In: Bayrische Ärztinnen und Ärzte gegen Atomenergie, Berliner Ärzteinitiative gegen Atomenergie, Hamburger Ärzteinitiative gegen Atomenergie (Eds.), S. 91–101. Pahl-Rugenstein, Köln 1982.

Scoville, H.: Ein Vergleich der Wirkungen von Neutronenbomben und herkömmlichen Waffen. In: Hamburger Ärzteinitiative gegen Atomenergie (Ed.): Ärzte warnen vor dem Atomkrieg. Die Überlebenden werden die Toten beneiden, S. 34 f., Hamburg 1981.

Sipri (Stockholm International Peace Research Institute) (Ed.): Atomwaffen in Europa. rororo aktuell, Reinbek 1983.

Sonntag, P.: Verhinderung und Linderung atomarer Katastrophen. Osang Verlag, Bonn, 1981. Diesem Buch wurden 4 Fotos entnommen.

Strohm, H.: Friedlich in die Katastrophe. Zweitausendeins-Verlag, Frankfurt/M. 1981.

Uhlenbrock, D. (Ed.): Mobilmachung für die Heimatfront. Pahl-Rugenstein, Köln 1983.

Uhlenbrock, D.: Katastrophenmedizin und Ethikdiskussion. In: D. Uhlenbrock (Ed.): Mobilmachung für die Heimatfront, S. 125–154. Pahl-Rugenstein, Köln 1983.

Uni Ulm Intern: Nr. 103, 13 (Mai 1983) 8–9. Vom Life Island zum Laminar-air-flow-System.

Weber, E.: Medizinische Versorgung im Atomkrieg? In: Hamburger Ärzteinitiative gegen Atomenergie (Ed.): Ärzte warnen vor dem Atomkrieg. Die Überlebenden werden die Toten beneiden, S. 37–40, Hamburg 1981.

v. Weizsäcker, C. F. (Ed.): Kriegsfolgen und Kriegsverhütung. Max-Planck-Institut, Starnberg 1972.

Trotz intensiver Nachforschungen ist es uns nicht gelungen, die Rechteinhaber einiger Fotos ausfindig zu machen.

Die Autoren

Volker Brethfeld	Dr. med., Arzt für Augenheilkunde, Ulm (Augenschäden)
Shraga Goldmann	Privdoz., Dr. med., Leiter der Abteilung Transplantationsimmunologie der DRK-Blutspendezentrale Ulm (Strahlenschäden)
Heinz-Ulrich Haug	Dr. med., früher: Department für Anästhesiologie der Universität Ulm und Mitarbeiter des US-Army-Institute of Surgical Research, mit Problemen der Allgemeintherapie bei Verbrennungen beauftragt, jetzt: Praktischer Arzt Ulm/Neu-Ulm (Einleitung, Technische Fehler als Ursache eines Atomkrieges, Auswirkung einer 1-Mt-Bombe auf Ulm, Verbrennungen, Pro und Contra Zivilschutz)
Peter Novak	Prof., Dr. med., Dr. phil., Leiter der Abteilung Medizinische Soziologie der Universität Ulm (Einleitung, Zur Situation, Pro und Contra Zivilschutz, Gesetzgebung zur Katastrophenmedizin, Ärztebewegung und politische Verantwortung).